गिरीश कारनाड

1938, माथेरान, महाराष्ट्र में जन्मे गिरीश कारनाड की मातृभाषा कन्नड़ है। गणित की सर्वोच्च परीक्षा में सफल होकर 'रोड्स स्कॉलर' के रूप में ऑक्सफोर्ड गए।

1963 में ऑक्सफोर्ड यूनिवर्सिटी प्रेस, मद्रास में नौकरी। 1970 में 'भाषा फेलोशिप', नौकरी से त्याग-पत्र और स्वतंत्र लेखन की शुरुआत। पहला नाटक 'ययाति' 1968 में छपा और चर्चा का विषय बना। 'तुग़लक' के लेखन-प्रकाशन और बहुभाषी अनुवादों-प्रदर्शनों से राष्ट्रीय स्तर के नाटककार के रूप में प्रतिष्ठा। 1971 में 'हयवदन' का प्रकाशन, अभिमंचन। 2015 में 'बलि'; 2017 में 'शादी का एलबम', 'बिखरे बिम्ब और पुष्प'; 2018 में

'टीपू सुल्तान के ख़्वाब' का प्रकाशन। पूना के फ़िल्म-संस्थान में प्रधानाचार्य, त्याग-पत्र और इस नए सशक्त अभिव्यक्ति-माध्यम के प्रति दिलचस्पी। सन् 1988 से कुछ वर्ष पहले तक संगीत नाटक अकादेमी, नई दिल्ली के अध्यक्ष रहे।

'संस्कार', 'वंशवृक्ष', 'काड़ू', 'अंकुर', 'निशान्त', 'स्वामी' और 'गोधूलि' जैसी राष्ट्रीय-अन्तरराष्ट्रीय स्तर पर पुरस्कृत एवं प्रशंसित फ़िल्मों में अभिनय-निर्देशन। 'मृच्छकटिक' पर आधारित फ़िल्मालेख, 'उत्सव' के लेखक-निर्देशक तथा एक लोकप्रिय दूरदर्शन धारावाहिक के महत्त्वपूर्ण अभिनेता के रूप में बहुचर्चित।

सम्मान : तुग़लक के लिए संगीत नाटक अकादेमी पुरस्कार, 'हयवदन' के लिए कमलादेवी चट्टोपाध्याय पुरस्कार, 'रक्त कल्याण' के लिए साहित्य अकादेमी पुरस्कार तथा साहित्य में समग्र योगदान के लिए भारतीय ज्ञानपीठ पुरस्कार।

निधन : 10 जून, 2019

तुग़लक

गिरीश कारनाड

अनुवाद

बी.वी. कारन्त

राधाकृष्ण पेपरबैक्स

पहला पुस्तकालय संस्करण
राधाकृष्ण प्रकाशन प्राइवेट लिमिटेड द्वारा
1977 में प्रकाशित

राधाकृष्ण पेपरबैक्स में
पहला संस्करण : 2010
बारहवाँ संस्करण : 2025

राधाकृष्ण पेपरबैक्स : उत्कृष्ट साहित्य के जनसुलभ संस्करण

राधाकृष्ण प्रकाशन प्राइवेट लिमिटेड
जी-17, जगतपुरी, दिल्ली-110 051
द्वारा प्रकाशित

शाखाएँ : अशोक राजपथ, साइंस कॉलेज के सामने, पटना-800 006
पहली मंजिल, दरबारी बिल्डिंग, महात्मा गांधी मार्ग, प्रयागराज-211 001
1, अनमोल सोराबजी संतुक लेन, धोबी तलाव, मरीन लाइंस, मुम्बई-400 002

वेबसाइट : www.radhakrishnaprakashan.com
ई-मेल : info@radhakrishnaprakashan.com

बी.के. ऑफसेट
नवीन शाहदरा, दिल्ली-110 032
द्वारा मुद्रित

मूल्य : ₹250

TUGHALAQ
Play by Girish Karnad
Translated by B.V. Karan

ISBN : 978-81-8361-376-7

भूमिका

भारतीय रंगमंच के विकास में छठा दशक अनेक कारणों से बहुत ही समृद्ध और महत्त्वपूर्ण कालों में से एक माना जाएगा। सबसे स्पष्ट और सबसे प्रमुख कारण यही है कि इन वर्षों में रंगकला की आनुषंगिक शाखाओं—नाट्य-लेखन, अभिनय, निर्देशन, मंच-परिकल्पना एवं प्रकाश-व्यवस्था—ने विशिष्ट प्रतिभाओं के जरिये प्रौढ़ता प्राप्त कर ली।

उन्नीसवीं शताब्दी से ऐतिहासिक नाटक का लेखन भारतीय नाट्य-परम्परा का महत्त्वपूर्ण पक्ष रहा है। बांग्ला, मराठी, हिन्दी और उर्दू के अनेक विशिष्ट नाटकों का ताना-बाना ऐतिहासिक तथ्यों और चरित्रों के इर्द-गिर्द बुना गया। नाट्य-क्षेत्र का यह पक्ष अभिनेताओं और दर्शकों—दोनों के लिए समान रूप से आकर्षक और सुखदायी रहा है; ऐतिहासिक नाटकों में बड़े पैमाने पर लम्बे, तेज-तर्रार ढंग से बोले गए वाद-संवादों और दुस्साहसपूर्ण हावभाव के अभिनय एवं बृहदाकार दृश्य-बन्धों और वेश-भूषा की गुंजाइश रहती है। ये नाटक बीते युगों की स्मृति को जगाकर एक रूमानी और शौर्यपूर्ण आत्मोत्सर्ग के वातावरण को पैदा करते हैं और बड़े पैमाने पर घट रही और स्थानीय नाटकों की रसहीन गति की तुलना में बृहत्तर अर्थवत्ता की घटनाओं में भाग लेने की चेतना को दर्शकों में जगाते हैं।

मनोविज्ञान की राह से ऐतिहासिक व्यक्तित्वों को बेहतर ढंग से समझने की कोशिश अब पिछले कुछ समय से होने लगी है। नाटककार अब किसी ऐतिहासिक व्यक्तित्व के निजी, मानवीय जीवन के अन्वेषण में रहने लगा है : उसका व्यक्तिगत जीवन क्या था? घर में उसके सम्बन्ध कैसे थे? अंतरंग परिवार के सम्बन्धों के

स्तर पर उसे क्या संघर्ष और क्या तनाव झेलने पड़ते थे? आदि। फिर इस बात की तलाश रहती है कि किसी ऐतिहासिक व्यक्ति के द्वि-स्तरीय जीवन का पारस्परिक सम्बन्ध क्या था : उसके सार्वजनिक और शासकीय जीवन और उसके अपने और व्यक्तिगत जीवन में? शासन-सम्बन्धी जीवन में व्यस्त रहने का मतलब पारिवारिक और व्यक्तिगत खुशियों की बलि में दिखाई पड़ता था। चरित्र के व्यक्तिगत जीवन के परोक्ष में छिपी ताक़तों और दबावों का नतीजा प्रायः राजनीतिक चालों में भी देखने को मिलता था। इन सब नाटकीय घटनाओं का विवेचन हमें राजनीतिक परिस्थिति को समझने-बूझने की नई दृष्टि देता है।

इस दृष्टि से यह समझना कठिन नहीं है कि गिरीश कार्नाड ने तुग़लक के चरित्र और काल को अपने नाटक के लिए क्यों चुना। एक कारण, जैसाकि उन्होंने स्वयं कहा है, कन्नड़ में ऐतिहासिक नाटकों का प्रायः अभाव-सा है। निश्चय ही केवल इसी से उन्हें प्रेरणा न मिली होगी। इस महान शासक के बृहद आदर्शों, स्वप्नों और आकाश को छूनेवाली आकांक्षाओं में, तदनन्तर उसके आमूल पराभव में उन्हें भारतीय समसामयिक वस्तुस्थिति का बोध हुआ होगा। कुछ ही वर्षों में तुग़लक की गगनचुम्बी योजनाएँ और स्वप्न धूल में मिट गए; अपनी इच्छाओं की पूर्ति में बाधा बननेवाले सभी व्यक्तियों को उसने मौत के घाट उतार दिया, और अन्त में उसने यही पाया कि अपने ही उलझन-भरे अस्तित्व की छायाओं से वह ज़िन्दगी-भर लड़ता रहा। निपट अकेला, शवों के झुंडों से और अपने ही हाथों किए सर्वनाश से घिरा हुआ वह उन्माद के छोर तक पहुँच गया।

नाटक के आरम्भ से, जैसे-तैसे वह आम लोगों के सामने बड़ी-बड़ी योजनाएँ प्रस्तुत करता है, ताकि उनका समर्थन प्राप्त कर सके, हमें विरोधाभास देनेवाला एक व्यंग्य भी दिखलाई पड़ता है। बादशाह द्वारा उठाए गए हर क़दम का अपने हित-साधन के लिए विकृत अर्थ लगाकर अज़ीज़ तुग़लक की सदाशयता की खिल्ली उड़ाता है। तुग़लक की प्रत्येक सोद्देश्य और सद्भावनाओं से प्रेरित कार्यवाही कुटिल अज़ीज़ द्वारा हास्यास्पद रूप में पेश की जाती है।

तुग़लक ने पाया कि उसकी योजनाओं में उसके सर्वाधिक विश्वस्त व्यक्ति ही धोखा देते हैं। उसे कोई नहीं समझता; उसके सपनों का कोई भागी नहीं बनता; अपने क्षुद्र हितों से हटकर देख पाने की किसी में क्षमता नहीं है; धोखे और विद्रोह के अतिरिक्त और किसी बात को कोई सोच ही नहीं पाता। अन्त में उसकी अपनी सौतेली माँ भी, जिसके प्रति उसको लगाव है, उसे धोखा देती है। ऐसी प्रत्येक परिस्थिति का तुग़लक को एक ही हल मालूम है—तलवार की मदद लेना और विरोधियों का सफ़ाया कर देना। उसकी असफलता राष्ट्र के लिए एक भयंकर दुर्घटना है, और उसके आदर्शों के प्रासाद के ढहने के साथ उसका मस्तिष्क भी जवाब दे जाता है।

नाटक का मुख्य कार्य-व्यापार निरन्तर दो स्तरों पर चलता है—दरबार का स्तर जहाँ बड़ी-बड़ी योजनाएँ बनाई जाती हैं, और अज़ीज़ का स्तर, जहाँ यही योजनाएँ विफल की जाती हैं। इनके अतिरिक्त दृश्य-स्थल दरबार से हटकर षड्यन्त्र रचते हुए अमीर-उमरा, बेचैन, परेशान भीड़, कुटिल उपाय खोजते हुए अज़ीज़, और फिर वापस दरबार की ओर मुड़ आता है। नाट्य-वेग में ढिलाई लाए बिना राजनीतिक और शासकीय प्रश्नों को नाट्य के कार्य के साथ सम्पृक्त किया गया है। विभिन्न दृश्यों का आकर्षण एक समान बना रहता है और बीच-बीच में दरबारी शानो-शौक़त उन्हें राजकीय भव्यता भी प्रदान करती है।

बहुत सीमित साधनों की सहायता से कार्नाड अनेक आकर्षक चरित्रों की रचना में सफल हुए हैं : सौतेली माँ, जो तुग़लक के प्रति अनुरक्त है, चालाक और दूसरों को अपने अंकुश में रखने की प्रवृत्ति से युक्त; उसके और उसके वज़ीरे-आज़म नसीब में जो घनिष्ठता है उसे सहने में अशक्त, जबकि नजीब दक्ष और निःशंक है, और तुग़लक के प्रति प्रतिबद्ध। धार्मिक नेता शेख़ इमामुद्दीन, जिसने तुग़लक की सत्ता को चुनौती दी लेकिन राजनीतिक दाव-पेंच के खेल में उससे बुरी तरह पिट गया। दरबार का वाक़या-नवीस बरनी, जो घटनाओं के चक्र से घबराकर अपने बादशाह को छोड़ जाता है। शहाबुद्दीन, रतनसिंह, अज़ीज़, आज़म, जवान पहरेदार—ये सभी चरित्र अपनी समग्रता में कल्पित किए गए हैं और नाटक में अपनी नाटकीय पात्रता को निबाहते हुए अपने में भी दिलचस्प हैं।

नाटक के अनुवाद की भाषा में एक आश्चर्यजनक प्रवाह और चमत्कार है। इसमें ओजपूर्ण, प्रभावशाली लम्बे-लम्बे भाषण भी हैं—जबकि तुग़लक अपने आदर्श की अनुभूति की सघनता से दोलायमान होता है, और शान्तमुद्रा में गहरी विचार-शक्ति से पूर्ण कथन भी—जबकि दौलताबाद के क़िले की फ़सील पर तुग़लक बरनी के सामने अपने दिल की बातें खोलकर कहता है। अज़ीज़ के संवादों की भाषा भी उसके, तुग़लक के ठीक विपरीत, चरित्र के उपयुक्त पात्र की भाषा है। शेख़ इमामुद्दीन और बादशाह के बीच के तीखे वाद-संवाद में नंगी तलवारों की टकराहट-सी सुनाई पड़ती है। कार्नाड की सूझ-बूझ कभी नहीं डगमगाती; उनके सभी चरित्र मांसमज्जा और प्राणों की उमंग से भरे-पूरे चरित्र हैं, और प्रत्येक पात्र अपनी-अपनी विशिष्ट बोली में बात करता है।

—इब्राहिम अलकाज़ी

निर्देशक का वक्तव्य

दृश्य-विधान

'तुग़लक' की प्रस्तुति की परिकल्पना हमने नेशनल स्कूल ऑफ़ ड्रामा के खुले रंगमंच के ख़याल से तैयार की थी। मंच का क्षेत्र अत्यन्त विस्तृत है जिसमें पीपल का एक बृहदाकार और सुन्दर पेड़ इस प्रकार स्थित है कि वह कार्य-व्यापार को एक केन्द्र प्रदान करने के साथ-साथ मंच-चित्र को अन्विति भी देता है।

प्रस्तुत नाटक विशद निरूपण के उपयुक्त तो है ही, वह वस्तुतः उसकी माँग भी करता है। अतएव दृश्य-विधान की कल्पना ऐसी होनी चाहिए जो कार्य-व्यापार की व्याप्ति और शक्ति को बल प्रदान कर सके। सबसे पहले तो अग्रमंच का वह मुख्य कार्य-क्षेत्र है जिसका भीड़ के दृश्यों और जुलूस के दृश्यों के लिए पूरा-पूरा इस्तेमाल होता है।[1] पृष्ठमंच के दक्षिण में तुग़लक का अध्ययन-कक्ष है। इसे सुरुचि से सजाया गया है—दीवार से दीवार तक फ़र्श बिछाया गया है। इसमें शाही तख़्त और दो नीची मेज़ें हैं जिनमें से एक पर उनकी शतरंज बिछी है और दूसरी पर हरे रेशमी कपड़े से ढँकी क़ुरान-पाक रखी है रहल पर। क़ारी (क़ुरान पाक की आयतें पढ़नेवाला) इसका इस्तेमाल करता है जिससे मैंने नाटक के दौरान उपयुक्त अवसरों पर आयतें पढ़नेवाले पात्र का काम लिया है। अध्ययन-कक्ष की पिछली दीवार पर कई ताख़ हैं जो किताबों,

1. सारे निर्देश अभिनेता को दृष्टि में रखकर दिये गए हैं। मंच दक्षिण का अर्थ है दर्शकों की ओर मुँह करके—मंच के बीच में खड़े अभिनेता के दाहिने हाथ की ओर। अग्रमंच का अर्थ है दर्शकों की ओर और पृष्ठमंच का अर्थ है दर्शकों से हटकर पीछे की ओर।

नक़्शों, पांडुलिपियों और यन्त्रों से ठसाठस भरे हैं ताकि तुग़लक की अध्ययनशील, वैज्ञानिक और अन्वेषणप्रिय रुचि का संकेत मिल सके। तुग़लक के मस्तिष्क में अत्यन्त मौलिक और साहसिक परिकल्पनाएँ बुदबुदाती रहती हैं; जैसे—दौलताबाद में नए नगर की योजना; दिल्ली से दौलताबाद जानेवाले हज़ारों-लाखों परिवारों के लिए परिवहन, भोजन और दवा-दारू की बहुमुखी व्यवस्था; ताँबे के नए सिक्कों का चलन; नई प्रतिभाओं को प्रेरित करने के उद्देश्य से विद्यालयों और विद्या-भवनों की स्थापना (क्योंकि तुग़लक का यह गुण अत्यन्त विलक्षण था); नई सड़कों और सिंचाई-व्यवस्था की परियोजना, आदि-आदि। मूल अभिप्राय यह है कि एक ऐसे प्रतिभाशाली चरित्र का चित्रण हो जाए जो दूरदृष्टि में अपने समय से शताब्दियों आगे था और जिसका आधुनिक मन इस विशाल देश को एक राष्ट्र का रूप देने में लगा था, और जो इसी कारण अपने अमीर-उमराओं के संकीर्ण, सामन्ती, क्षुद्र दृष्टिकोण को घृणा की दृष्टि से देखता था और क़दम-क़दम पर अपना धैर्य खो बैठता था, क्योंकि उसकी यह आकांक्षा थी कि हिन्दू और मुस्लिम संस्कृतियाँ मिलकर एक हो जाएँ। तुग़लक की सारी विडम्बना यही है कि वह एक ऐसा द्रष्टा था जिसके दृष्टिकोण की व्यापकता उसके समकालीनों के लिए अबूझ पहेली थी। जब तक तुग़लक के चरित्र को यह आयाम न दिया जाए तब तक यह नाटक अर्थहीन रक्तपात और हिंसा का ही कांड बनकर रह जाएगा।

तुग़लक के व्यक्तित्व के इस पहलू के बारे में मैंने कुछ विस्तार से लिखा है, क्योंकि दृश्य-बन्ध का एक विशिष्ट अंग यानी उसका अध्ययन-कक्ष ऐसा होना ज़रूरी है जो दृश्य के माध्यम से दर्शकों तक उसके इस पहलू का सम्प्रेषण कर सके। जैसा कि वह अपनी सौतेली माँ को बताता है, वह रात में घंटों अकेले बैठा पढ़ता-लिखता रहता है और मन-ही-मन अपनी योजनाओं को उलटता-पलटता रहता है। नाटक में दो दृश्य ऐसे हैं जिनमें सौतेली माँ को चुपचाप, रात गए उसके मन की बात जानने के लिए और शायद उसकी अंकशायिनी बनने के लिए उसके इस कक्ष में आते दिखाया गया है। वह जवान है, महत्त्वाकांक्षिणी है,

तुग़लक से प्यार करती है और राजसत्ता के अधिकाधिक निकट रहना चाहती है।

यथार्थवादी दृश्य-विधान के प्रायः शून्य खुले मंच पर यह ज़रूरी होता है कि कुछ विशिष्ट भागों को कतिपय प्रमुख चरित्रों के साथ सम्बद्ध कर दिया जाए। तुग़लक का अध्ययन-कक्ष ऐसा ही भाग है। दूसरा भाग है हरम यानी सौतेली माँ का महल। यह एकदम पीछे की ओर है। मंच के केन्द्र से एक लम्बा रास्ता इस तक पहुँचता है जहाँ एक विशालकाय दरवाज़ा है : इस दरवाज़े की मेहराब, उस पर किया गया लिप्यंकन और अन्य मेहराबें—सब-की-सब तुग़लककालीन वास्तुकला और प्रकल्पना की विशेषताओं पर आधारित हैं जिसके नमूने तुग़लकाबाद में बनी ग़ियासुद्दीन तुग़लक की कब्र पर देखे जा सकते हैं। पर्सी ब्राउन के ग्रन्थ 'इंडियन आर्कीटेक्चर' (द इस्लामिक पीरियड) में इस विषय की प्रचुर प्रामाणिक जानकारी मिलती है जिसके साथ अनेक रेखांकन और छायाचित्र भी दिए गए हैं। हम कई बार इन स्थलों को देखने गए ताकि हमें उनके स्वरूप, बनावट और प्रसार का अन्दाज़ हो जाए। इस काम में हमें तत्कालीन वास्तुकला के विशेषज्ञ एक वास्तु-विशारद का भी मार्गदर्शन मिला। हालाँकि हम कोई यथार्थवादी दृश्य-बन्ध नहीं बना रहे थे, फिर भी यह ज़रूरी था कि रूप-रेखा, गुरुता और अनुपात उस युग की विशेषताओं के लिए सही हों।

हर अवसर पर सौतेली माँ अपनी बाँदियों के साथ इसी दरवाज़े से मंच पर प्रवेश करती है। जब वह तुग़लक के साथ अकेली रहना चाहती है तो बाँदियाँ रुख़सत हो जाती हैं।

पृष्ठकेन्द्र से एक चौड़ा ज़ीना दाहिनी ओर के चबूतरे तक जाता है जिस पर ऊँची मेहराब है। यह मंच का सबसे ऊँचा स्तर है, और यह मेहराब मंच का सबसे प्रमुख आकार। इसी की राह से तुग़लक अपने परिसर के साथ दो बार पूरे समारोह से मंच पर प्रवेश करता है—पहली बार पहले दृश्य में जब वह लोगों की भीड़ को सम्बोधित करता है, और दूसरी बार तब जब वह नाटक के उत्तरार्ध में ख़लीफ़ा के नुमाइन्दे की अगवानी करता है। इन दोनों महत्त्वपूर्ण अवसरों पर तुग़लक चित्र के शीर्ष में स्थित रहता है—सबसे ऊपर, बहुत ऊँचे ताकि सबकी नज़रें उस पर टिक रहें। इस मुख्य मेहराब की स्थिति

की मदद से ही तुग़लक और उसका परिसर मंच को तिरछे पार करता हुआ अग्रमंच तक पहुँचता है और फिर उसी प्रकार लौटकर मंच को तिरछे पार करता हुआ पृष्ठमंच की दाहिनी ओर से प्रस्थान कर जाता है।

अग्रमंच की बाईं ओर से जो सीढ़ियाँ जाती हैं, वे दो चबूतरों पर पहुँचती हैं। निचले चबूतरे से जंगल के खुले स्थान का काम लिया जाता है जब ख़लीफ़ा अज़ीज़ के हाथ पड़ जाता है। साथ ही वह अज़ीज़ के कक्ष का भी काम देता है जब वह ख़लीफ़ा के वेश में तुग़लक के दरबार में आता है। उपरला चबूतरा षटकोण की शक्ल का है जिसके पीछे ऊँचे-ऊँचे पेड़ हैं और अगल-बगल में जंगली घास छाई है। यह दौलताबाद के किले की फ़सील और कंगूरों का काम देता है जिसका सातवें दृश्य के रातवाले दृश्य में तुग़लक इस्तेमाल करता है।

इस प्रकार कुल मिलाकर यह दृश्य-विधान संकेतात्मक और वस्तुपरक है, जिसमें अलग-अलग स्तरों पर अभिनय-क्षेत्र हैं जो परस्पर सीढ़ियों से जुड़े हैं। इसकी चित्रात्मकता बड़ी प्रभावशाली हो जाती है और उसमें नम्यता की काफ़ी गुंजाइश रहती है। हमारे पास गहराई की जो सुविधा थी, उसका हमने दूरी और परिप्रेक्ष्य की स्थापना के लिए भरपूर उपयोग किया। उदाहरण के लिए, दूसरे दृश्य में जब तुग़लक क़ारी का क़ुरान-पाठ सुनता है[1] तब सौतेली माँ अपनी बाँदियों के साथ मशालों की रोशनी में दरवाज़े के नीचे से आती दिखाई पड़ती है। पहले दृश्य की कोलाहलपूर्ण भीड़ और उग्र समारोह-संगीत के विपरीत इस समय के दृश्य और ध्वनि-प्रभाव एकान्त और शान्ति की मनःस्थिति का संकेत कर देते हैं।

पहले से छठे दृश्य के लिए पूरे मंच पर एक सिरे से दूसरे सिरे तक फ़र्श बिछा दिया जाता है। इतिहासकार इब्न-बतूता ने तुग़लकाबाद के तत्कालीन वर्णन में लिखा है : 'यहीं पर तुग़लक के महल और ख़ज़ाने थे। और यहीं पर उसका बड़ा महल था जिसको

---

1. क़ुरान पाक की आयतें सुनने का वर्णन नाटक में नहीं था, लेकिन एक सही वातावरण बनाने के लिए हमने इसे दृश्य में स्थान दिया।

उसने सोने की ईंटों से बनवाया था। सूरज निकलने पर ये ईंटें इतनी चमचमाती थीं कि कोई उनकी तरफ़ टकटकी नहीं लगा पाता था।' ये क़ीमती फर्श (फ़र्श किराए पर बहुत सस्ते मिल जाते हैं) तुग़लक के दरबार की शान-शौक़त और तड़क-भड़क का वातावरण बना देते हैं और सातवें दृश्य से दौलताबाद की उजाड़ दशा का वैषम्य स्थापित कर देते हैं, क्योंकि तब सारे फ़र्श हटा दिए जाते हैं। इतना ही नहीं, ये फर्श एक व्यावहारिक आवश्यकता की भी पूर्ति करते हैं। शुरू के दृश्यों में अधिकांश बहुतेरे लोगों को बैठा दिखाया जाता है। और जैसाकि सभी तत्कालीन तुर्की चित्रों में दिखाया गया है, बादशाह तो तख़्त पर बैठता है, पर और सभी अमीर-उमरा फ़र्श पर बैठते हैं। इस सरल युक्ति से उपयुक्त वातावरण की रचना करने में तो सहायता मिलती ही है, पात्रों की सुन्दर पोशाकें भी मैली हो जाने से बच जाती हैं।

यह आवश्यक है कि इस नाटक की प्रस्तुति तत्कालीन मुस्लिम दरबार का वातावरण उपस्थित करे। इल्तुतमिश और बलवन के ज़माने से ही दरबारी अदब-क़ायदे की बारीकियों का वर्णन मिलने लग जाता है। 'तबक़ात-अल-नासिरी' से लेकर 'आईने-अकबरी' तक के सारे ऐतिहासिक विवरणों और लघु-चित्रों में दरबारी अदब-क़ायदों के संकेत मिलते हैं और हमें अपनी खोज और जानकारी के लिए उनकी मदद लेना ज़रूरी है। यह काम सिर्फ़ ऊपरी अलंकरण नहीं है; यह तो नाट्यगत अर्थ का पनिष्ठ अंग है और चरित्रों के सम्बन्धों को स्थापित करने में सहायक होता है। उदाहरण के लिए, सौतेली माँ की तरह परदे में रहनेवाली बेगम राजनीतिक मामलों में महत्त्वपूर्ण भूमिका निभाने का निश्चय करने के बाद मर्दों के बीच किस तरह का आचरण करे? अमीर-उमरा उसके साथ कैसा आचरण करे? तुग़लक उसके साथ कैसा आचरण करे? शाही जुलूस में किसको कहाँ जगह दी जाए? इबादतवाला इतना महत्त्वपूर्ण दृश्य किस तरह पेश किया जाए? अमीरों की पगड़ियाँ कैसी हों? नमाज़ में आगे कौन रहे? जुमे की नमाज़ में आयतें मन-ही-मन बोली जाएँ या ज़ोर-ज़ोर से? नाटक के दृश्यों में अमीर-उमरा कब-कहाँ तो जूते पहनें और कब-कहाँ नंगे पैर रहें? ऐतिहासिक नाटक के मंचन में इन सारे विवरणों पर बड़ा ध्यान देना

पड़ता है, लेकिन दुर्भाग्य से अपने भारतीय रंगमंच में इन्हीं बातों की उपेक्षा कर दी जाती है।

उदाहरण के लिए, तुग़लक द्वारा शेख़ इमामुद्दीन को शाही लिबास पहनाने का दृश्य ही ले लीजिए। तुग़लक उसे क्रम से पहले शाही चोगा देता है, फिर कमर-बन्द, फिर तलवार और फिर पगड़ी, ताकि पगड़ी पहनते ही वह हर तरह से तुग़लक जान पड़े। सिर्फ़ इसलिए नहीं कि वह शेख़ को इस वेश में मौत के घाट उतरवा देता है, वरन् इसलिए भी कि प्रतीकात्मक रूप में वह अपने व्यक्तित्व के ही एक पक्ष की हत्या कर रहा है।

ख़लीफ़ा ग़ियासुद्दीन की समारोहपूर्वक अगवानी भी अत्यन्त नाटकीय महत्त्व की है, क्योंकि यहीं पर पहली बार नाटक के दो प्रमुख सूत्र मिलते हैं—तुग़लक अपने ही विद्रूप के, अपने ही प्रतीक 'मैं' के आमने-सामने खड़ा होता है।

निर्देशक का यह मूलभूत कर्तव्य है कि वह नाटक के अर्थ को सशक्त दृश्य-बिम्बों के ऐसे क्रम में जमा दे कि दर्शकों को अनजाने में ही उसका ग्रहण सुलभ हो जाए। लेकिन यद्यपि दर्शक तो उस अर्थ को अनजाने ही आयत्त करते हैं, निर्देशक को अपना एक-एक प्रभाव अत्यन्त सावधानी और मनन से नियोजित करना पड़ता है ताकि रूप, रंग, छन्द और ध्वनि परस्पर मिलकर एक सम्पूर्ण परिकल्पना में प्रस्फुटित हो जाएँ। कुछ बातें यदि वह भित्ति-चित्रों की शैली में दूर-दूर और बड़ी-बड़ी रेखाओं में खींचता है तो कुछ अंतरंग दृश्य वह लघु-चित्रों की शैली में नन्ही-नन्ही रेखाओं से अंकित करता है।

वेश-भूषा

दरबार की रंग-व्यवस्था तुर्की लघु-चित्रों में उपलब्ध फ़ीरोज़ी, लाल, हरे और सुनहरे रंगों पर आधारित है। ये रंग उस युग की मूलभूत चाक्षुक भावना प्रकट करते हैं; पर इनके अलावा पोशाकों के कटाव, छायाकृति और घेर का भी महत्त्व है।

नाटक में चार प्रमुख समूह हैं—1. भीड़, जो मिट्टी के रंगों में आती है—मुख्यतः भूरे और धूसर रंगों में; 2. अमीर-उमरा, जो भूरी

और चटख़ गुलाबी पोशाकों में एक सुसम्बद्ध समूह के रूप में तुग़लक के विरुद्ध षड्यन्त्र करते हैं; 3. दरबारी औरतें, जो फ़ीरोज़ी, पन्ना और सोने के रंग की पोशाकें, जड़ाऊ टोपियाँ और सलमा-सितारे की चुनरियाँ पहनती हैं। इस व्यवस्था का उद्देश्य है उनके नारी-सुलभ आकर्षण पर बल देना और दरबार की मरदानगी से उनके वैषम्य को उजागर करना; और 4. तुग़लक, जो या तो काली और सुनहरी पोशाक पहनता है या सफ़ेद और सुनहरी, और हर दृश्य में शाही अन्दाज़ में औरों से अलग दिखाई देता है। इबादत के दृश्य में वह काली पोशाक पहनता है और सिर को काली और धूसर धारियों वाले रूमाल से ढँकता है। उसकी हत्या के प्रयास के बाद जब बन्दी अमीर और सिपाही एकदम अचल खड़े रह जाते हैं तब एक तुग़लक ही अविचलित भाव से झुकता और उठता, इबादत करता दिखाई देता है।

सिपाहियों को चमड़े के ज़िरहबख़्तर, लोहे के नोकदार कनटोप, लोहे के छल्लों वाली चमड़े की पेटियाँ, बूट, तलवार और भाले दिये गए हैं। ज़ंजीरों की खनखनाहट, तलवारों की झनझनाहट और चमड़े का वज़न और भारीपन मिलकर एक ठोस फ़ौजी समाँ बाँध देते हैं।

संगीत

महीनों तक सुनते रहने के बाद कहीं जाकर मैं वे टुकड़े चुन पाया जिनको मिलाकर एक तरह से नाटक के संगीत की रचना की गई। ये टुकड़े मुख्यतः पारम्परिक तुर्की और फ़ारसी संगीत के लिये गए हैं। प्रमुख रूप से इनकी तीन कोटियाँ हैं—1. दरबारी समारोह और जुलूस का संगीत; 2. खुद तुग़लक के लिए वस्तुगीत जिसमें दृश्य-विशेष के वातावरण और मनःस्थिति के अनुकूल काफ़ी रद्दोबदल होता रहता है; और 3. स्थिति के अनुसार क़ुरान की आयतों का पाठ। यह पाठ एक मिसरी क़ारी ने किया जिन्हें इस समय दुनिया का सबसे उत्कृष्ट क़ारी माना जाता है। और सब बातों से बढ़कर क़ुरान पाक की इन आयतों ने ही नाटक के लिए उपयुक्त मनःस्थिति का निर्माण किया और तुग़लक के निजी वैयक्तिक संघर्ष

को धार्मिक महत्त्वाकांक्षा और आस्था की बृहत्तर पृष्ठभूमि पर प्रतिष्ठित किया। क़ुरान पाक का यह पाठ कानों में निरन्तर गूँजता रहता है और एक ऐसे अकेले व्यक्ति के प्रयास की असफलता व्यंजित करता है जिसके पास अपने ईश्वर के भरोसे के अलावा और कोई सहारा नहीं है।

—इब्राहिम अलकाज़ी

पात्र

आज़म	हिन्दू औरत
अज़ीज़ (ब्राह्मण)	हिन्दू औरत का शौहर
मुहम्मद (सुलतान)	काका
सौतेली माँ	बूढ़ा
नजीब (वज़ीरे-आज़म)	एक शख़्स
बरनी (वाक़या-नवीस)	लोग 1
शेख़ इमामुद्दीन	लोग 2
शहाबुद्दीन	लोग 3
रतनसिंह	अमीर 1
ग़ियासुद्दीन	अमीर 2
शम्सुद्दीन (इमाम)	ढिंढोरची 1
सैयद	ढिंढोरची 2
करीम	नकीब
बुज़ुर्ग आदमी	ऐलान करनेवाला
जवान	दरबान
शरीफ़	चोबदार
मज़हबी आदमी	सिपाही
हिन्दू	और अन्य

दृश्य : 1

(ई. 1327)

[दिल्ली की एक अदालत का बाहरी हिस्सा, जहाँ लोगों का मजमा जमा है। मजमे में ज़्यादातर मुसलमान हैं।]

बुज़ुर्ग आदमी : कौन जाने, हमारे मुल्क का अब क्या होगा!

जवान : क्यों बुज़ुर्गवार, कौन-सी आफ़त टूट पड़ी है आप पर?

बुज़ुर्ग आदमी : एक हो तो बताऊँ! मेरे सफ़ेद बालों की तरफ़ देखो जमाल, न जाने अब तक मैंने कितने सुलतानों को इस सरज़मीन पर बनते-मिटते देखा है। मगर यक़ीन मानो, ख़्वाब में भी यह नहीं सोचा था कि एक दिन किसी ऐसे भी सुलतान को अपनी आँखों देखना पड़ेगा, जो ख़ुद एक मुजरिम की तरह हाथ बाँधे क़ाज़ी के सामने पेश होगा।

जवान : आपका ज़माना लद गया, बुज़ुर्गवार! वो भी क्या सुलतान हुआ जो रिआया से कोसों दूर क़िलेनुमा बन्द महल में बैठा हुकूमत करे! हक़ीक़त में सुलतान वो है, जो आम आदमी की तरह ग़लत-सही काम करके भी तरक़्क़ी करे!

शरीफ़ : तुम समझे नहीं जमाल, सुलतान ग़लती करे या न करे—अपनी बला से। लेकिन अपनी ग़लतियों का गली-गली ढिंढोरा पिटवाने के क्या माने? ऐसे में क्या कल रिआया शाही हुक्मों की क़द्र भी करेगी? लगान देगी? जंग में जाएगी? ये तो वही मिसाल हुई कि

ख़ुद सुलतान ऐलान करे कि मेरी रिआया बाग़ी हो जाए।

मज़हबी आदमी : और वो भी एक देहाती बिरहमन के हाथों सज़ा क़बूल करे! अल्लाह रहम करे, अब तो दीनो-ईमान ग़ारत ही समझो!

जवान : ईमान क्यों ग़ारत होगा, जनाब? शाही फ़रमान से क्या आप आगाह नहीं कि हर मुसलमान हर रोज़ लाज़मी तौर पर पाँच बार नमाज़ पढ़े? दूसरे कौने-से सुलतान के अमल में क़ुरान-शरीफ़ पढ़नेवालों को गली-कूचों में घूमते देखा है? आप ही फ़रमाएँ, जनाब! आप पहले कितनी बार नमाज़ पढ़ा करते थे?

बुज़ुर्ग : महज़ क़ुरान-शरीफ़ लादे घूमने से कुछ हासिल नहीं होता, जमाल! क़ुरान की तालीम को अमली सूरत दो, तो हम मानें।

मज़हबी : हाँ, सुनो तो सुलतान फ़रमाते हैं कि अब हिन्दू जज़िया न दें! इससे सिवाय हिन्दुओं के और किसी को कुछ फ़ायदा है? ख़ैर छोड़ो, एक-न-एक दिन सुलतान ख़ुद समझ जाएँगे।

हिन्दू : पर मैं कहता हूँ कि इससे हिन्दुओं को रत्ती-भर लाभ नहीं होने का। मेरी राय यह है कि मुसलमान मुसलमान ही बना रहे, और हिन्दू हिन्दू ही। लेकिन अपने सुलतान की बातों का तो कोई सिर-पैर ही नहीं मिलता। फ़रमाते हैं—'तुम कोई भी हो...चाहे हिन्दू या मुसलमान...सबसे पहले तुम इन्सान हो!' इन्सान! राम राम! ये कब क्या कर बैठेंगे, कोई यक़ीन नहीं। जानते हो, ताज़ा फ़रमान क्या है? 'हिन्दू लोग सती-रिवाज को बन्द कर दें।' अति हो गई। तब फिर हिन्दू-धर्म की ख़ूबी ही क्या रहेगी?

जवान : कैसे एहसान-फ़रामोश हैं आप! सुलतान के हाथ में चाबुक रहे, तभी आप उसकी इज़्ज़त करेंगे।

[ढिंढोरची अदालत से बाहर आता है। ढिंढोरा पीटता है। ख़ामोशी छा जाती है।]

ढिंढोरची : हाज़रीन! हाज़रीन, ख़ामोश हो जाएँ!
हाकिमे-अदालत, क़ाज़ी-ए-मुल्क के बरहक़ फ़ैसले को सुनने के लिए तैयार हो जाएँ।

गाँव शिकनार की रैयत के फ़रियादी बिरहमन बिष्नु परसाद की इस दरख़्वास्त पर कि ख़ुदा-बन्द सुलतान मुहम्मद शाह के हाकिमों ने हमारी जो ज़मीन ज़ब्त कर ली थी, उसके असली मालिक हम हैं इसलिए वह हमें वापस कर दी जाए। हाकिमे-अदालत क़ाज़ी-ए-मुल्क ने बिरहमन के हक़ में अपना फ़ैसला सुना दिया है।

[इकट्ठी भीड़ में ज़रा-सा शोरगुल शुरू होता है, जिसे ढिंढोरा पीटकर ख़ामोश किया जाता है।]

: हाकिमे-अदालत ने फ़रमाया है कि बिष्नु परसाद की दरख़्वास्त बिलकुल जायज है। इसलिए सुलतान मय-जुर्माना वह ज़मीन बिरहमन को वापस कर दें।

[ढिंढोरे की आवाज़ के साथ ढिंढोरची चला जाता है, और मजमे में फिर शोरगुल बढ़ने लगता है।]

शरीफ़ : ये तो अन्धेर है। इस हंगामे का क्या मतलब? या अल्लाह, हमारे सुलतान के होशो-हवास सलामत रख!

हिन्दू : मैं कहूँ, इस पर भरोसा ही न करो! मेरी राय यह है कि इस कांड के पीछे ज़रूर कोई साज़िश है।

नक़ीब : होशियार! होशियार! बा-अदब, बा-मुलाहिज़ा होशियार! ख़ुदा की राह के रहनुमा, रसूल के पैरो, ख़लीफ़ा के मददगार, ख़ुदातर्स सुलतान मुहम्मद बिन तुग़लक तशरीफ़ ला रहे हैं!

[शोर थम जाता है। सुलतान मुहम्मद बाहर आता है।]

: हक़ के तरफ़दार, अदलो-इन्साफ़ की तसवीर सुलतान मुहम्मद...

सब : सलामत रहें!

मुहम्मद : हमारी अज़ीज़ रिआया! हाकिमे-अदालत, क़ाज़ी-ए-मुल्क का फ़ैसला आपने सुना। हमारे चन्द कारिन्दों की वजह से एक बिरहमन के साथ जो ज़ुल्म हुआ, आपने देखा। हमने उस जुर्म का इक़बाल करके इन्साफ़-पसन्दी और हक़ का रास्ता इख़्तियार किया है। मज़हबी तफ़रीक़ की वजह से, टुकड़ों में बिखरी हुई हमारी सल्तनत की तवारीख़ में, आज का यह लम्हा हमेशा ज़िन्दा रहेगा। इस पाक लम्हे को गवाह रखकर हम चन्द अल्फ़ाज़ तवारीख़ के पन्नों पर दर्ज कराना चाहते हैं। हमेशा से हमारी ख़्वाहिश रही है कि हमारी सल्तनत में सबके साथ एक जैसा सलूक़ हो। खुशियाँ हों, शादमानी हो, और हर शख़्स को हक़ और इन्साफ़ हासिल हो। अपनी रिआया के अमनो-अमान ही नहीं, बल्कि ज़िन्दगी के हम ख़्वाहिशमन्द हैं...ज़िन्दा-दिली और ख़ुशहाली से भरपूर ज़िन्दगी। हम अपनी अज़ीम सल्तनत की भलाई के लिए एक नया क़दम उठाना चाहते हैं। हमारी तजवीज़ है कि इसी बरस हम अपना दारुल-ख़िलाफ़ा दिल्ली से दौलताबाद ले जाएँ!

[भीड़ में हलचल, फिर कानाफूसी, जो बढ़ते-बढ़ते शोरगुल की सूरत इख़्तियार कर लेती है। मुहम्मद हाथ के इशारे से आवाज़ को ख़ामोश कर देता है, और अपनी तक़रीर जारी रखता है।]

: हाँ, आप लोगों को हमारी तजवीज़ सुनकर ज़रूर हैरत हुई होगी। लेकिन हम सबको बता देना चाहते हैं कि यह किसी मग़रूर सुलतान का बेमानी ख़ब्त नहीं है। इसकी ठोस वजह है। दिल्ली हमारी सल्तनत की

उत्तरी सरहद के क़रीब आबाद है, जहाँ हर लम्हे मुग़लों के हमलों का ख़तरा दरपेश रहता है। और आप जानते ही हैं कि हमारी सल्तनत दूर दक्खिन तक फैली हुई है। एक दौलताबाद ही हमारी सल्तनत के बारह सूबों के मरकज़ में आबाद है जहाँ से हम अपनी लम्बी-चौड़ी सल्तनत के हर कोने पर हुकूमत की मज़बूत गिरफ़्त क़ायम रख सकते हैं। इससे भी अहम बात यह है कि दौलताबाद हिन्दुओं की आबादी है। हम अपने दारुल- ख़िलाफ़े को वहाँ ले जाकर हिन्दुओं और मुसलमानों में एक मज़बूत रिश्ता क़ायम करना चाहते हैं। इस नेक काम की ख़ातिर हम आप सबको दौलताबाद आने की दावत देते हैं। दावत दे रहे हैं, हुक्म नहीं। जिन्हें हमारे ख़्वाबों की सदाक़त पर ज़रा भी यक़ीन हो, वही आएँ। महज़ उनकी मदद से हम एक ऐसी मिसाली हुकूमत क़ायम करेंगे जिसे देखकर सारी दुनिया दंग रह जाए। हमारे ख़्वाबों की ताबीर बनने वालो! ख़ुदा हाफ़िज़!

[मुहम्मद भीतर की तरफ़ मुड़ जाता है। क़ाज़ी, सिपाही, सब चले जाते हैं। 'सुलतान सलामत रहें' का नारा दुबारा सुनाई पड़ता है।]

शरीफ़ : कैसी ख़ौफ़नाक तजवीज़ है! सुलतान मामूली भूल करे तो फ़रियाद भी की जाए, मगर ऐसी संगीन भूल का दुखड़ा कहाँ रोएँ, जनाब?

मज़हबी : यह तो जुल्म है, सरासर जुल्म! अपने वालिद के क़त्ल से जी नहीं भरा तो हम पर आफ़त ढाने पर तुले हैं। आख़िर दारुलख़िलाफ़े को दिल्ली से उखाड़कर...!

जवान : बस, बस, ख़बरदार जो सुलतान के ख़िलाफ़ एक लफ़्ज भी कहा।

मज़हबी : मुझ पर आँखें क्यों तरेरते हो, साहबज़ादे? सारा जहान जानता है कि तुम्हारे सुलतान ने किस तरीक़े

से अपने वालिद और भाई को क़त्ल कराया था। उतने से कलेजा ठंडा नहीं हुआ तो चले दारुल-सल्तनत को...।

जवान : आप मौजूद थे वहाँ?

मज़हबी : कहाँ?

जवान : जहाँ सुलतान के वालिद का इन्तक़ाल हुआ?

मज़हबी : मेरी मौजूदगी से क्या होता है? जो मौजूद थे...।

जवान : मैं मौजूद था! सुलतान, उनके वालिद, और भाई लकड़ी के बने मचान पर बैठे शाही फ़ौज का जुलूस देख रहे थे। उसी वक़्त अज़ान की आवाज़ सुनाई दी और ख़ुदातर्स सुलतान नमाज़ के लिए मचान से बाहर आए। इत्तिफ़ाक़ से जुलूस में एक मतवाला हाथी अचानक मचान पर चढ़ बैठा। बस, बिजली की कड़क जैसी आवाज़ हुई, और मचान लहराता हुआ एकदम नीचे ज़मीन पर आ गिरा। बेचारे! सुलतान के वालिद और भाई दोनों मलबे के नीचे दबकर मर गए। ख़ुदा का करम कि नेक-दिल सुलतान बाल-बाल बच गए।

हिन्दू : *(व्यंग्य से)* अच्छा! मगर नेक-दिल सुलतान को उसी वक़्त बाहर निकल आने का इलहाम कैसे हुआ?

जवान : आप नहीं जानते कि हमारे सुलतान नमाज़ के किस क़दर पाबन्द हैं?

शरीफ़ : हाँ, हाँ, बख़ूबी। दिल्ली-भर के बाशिन्दों को डंडे के ज़ोर से नमाज़ में हाँक देने का वह पाक काम और कौन कर सकता है? मगर ताज्जुब तो यह है कि उस हाथी ने नमाज़ की पाबन्दी कब से सीखी!

[सब लोग हँसते हैं।]

: इसके अलावा वह लकड़ी का मचान भी, सुना है, नेक-दिल सुलतान के हुक्म से ही तामीर हुआ था। *(हँसता है)*

[जवान उसे घूरकर देखता है।]

बुज़ुर्ग : मुझे मालूम है, जमाल! अब मुझ जैसे बूढ़ों की कोई क़द्र नहीं। मगर उस शेख़ इमामुद्दीन को तो तस्लीम करोगे न? उनकी मानिन्द पाक-दिल, फ़क़ीराना तबीयत के शख़्स भी क्या बकवास करते फिरते हैं! शेख़ मोअज़्ज़म ने खुलेआम फ़रमाया कि सुलतान ने ख़ुद अपने वालिद और भाई को क़त्ल किया। फिर शेख़ ने कोई चोरी-छिपे नहीं, खुले मजमे में यह ऐलान किया कि अपने वालिद और भाई को मरवाकर सुलतान ने कितना संगीन गुनाह किया है।

मज़हबी : आपने तो शेख़ मोहतरिम के दीदार भी किए होंगे?

बुज़ुर्ग : ख़ुश-क़िस्मती थी। कानपुर में मैंने उनकी तक़रीर को उनकी जुबाने-मुबारक से सुना था। उनकी वह गूँजती हुई आवाज़, वह तर्ज़े-तक़रीर, एक-एक लफ़्ज़ इस क़दर पुरअसर था कि सीधे रूह की गहराइयों में उतर जाता था। शेख़ ने बेधड़क कहा कि दिल्ली का मौजूदा तख़्त-नशीन सुलतान अपने वालिद का क़ातिल है। गुनहगार है। वो तो और भी जाने क्या-क्या कहना चाहते थे कि अवाम ने ग़ज़बनाक सूरत इख़्तियार कर ली। गुस्से से अन्धे अवाम ने देखते-देखते आधे कानपुर को फूँक डाला।...अब बताओ जमाल, क्या शेख़ ने यह सब गढ़ के कहा? उन्होंने जो कि...।

मज़हबी : कहते हैं कि शेख़ साहब और सुलतान काफ़ी हम-शक्ल हैं।

बुज़ुर्ग : हाँ, पर यह नहीं कि सुलतान से हू-ब-हू मिलते हों। फिर भी शेख़ के खड़े होने का अन्दाज़, रोब-दाब, दाढ़ी की बनावट, सब सुलतान की ही याद दिलाते हैं। जब भी शेख़, सुलतान को भला-बुरा कहने लगते तो ऐसा लगता, गोया सुलतान अपने-आपको कोस रहे हों!

शरीफ़ : हाँ, तभी तो! तक़रीर का यह चस्का शायद शेख़ मोअज़्ज़म से ही हमारे सुलतान को लगा होगा। मैंने

तो अपनी ज़िन्दगी में पहली बार ऐसा तक़रीर करनेवाला सुलतान देखा है।

[अदालती दरबान दाख़िल होता है।]

दरबान : *(हाकिमाना अन्दाज़ से)* हाज़रीन, मुक़द्दमा ख़त्म हो चुका! अब ये लफ़्ज़ी जंग बन्द कीजिए और यहाँ से चलते बनिए। जल्दी...।

[सब चले जाते हैं, एक आज़म को छोड़कर।]

: तू क्यों रुका है? सुना नहीं, क्या कहा?

आज़म : सुन लिया साहब, सुन लिया। लेकिन वो बिरहमन देवता अभी बाहर क्यों नहीं तशरीफ़ लाए?

दरबान : उससे तुझे क्या? जा, जा, बड़ा आया देवता का बच्चा!

[आज़म बड़ी होशियारी के साथ परे सरकने का बहाना करता है और छुपकर एक किनारे खड़ा हो जाता है। थोड़ी देर बाद अदालत के दरवाज़े से ब्राह्मण झाँकता है, फिर अपने को महफ़ूज़ पाकर बाहर निकलता है। बग़ल में एक गठरी दबाए हुए है।]

: ओह! आख़िर आप तशरीफ़ का टोकरा ले ही आए! अब चलिए! हाँ, हाँ, यहाँ कोई नहीं, बेधड़क चले आइए। पहले हंगामा खड़ा करो, फिर ख़ौफ़ खाते फिरो। बस-बस, अब रास्ता नापो, मुझे भी काफ़ी परेशान कर दिया।

ब्राह्मण : अच्छा, अच्छा। मैं चला, नमस्कार!

दरबान : *(नक़ल करते हुए)* नमस्कार!

[दरवाज़ा बन्द कर दरबान चला जाता है। ब्राह्मण जाने को ज्योंही मुड़ता है, त्योंही पीछे से आकर आज़म उसकी गठरी पर हाथ मारता है। यकायक ब्राह्मण झपट कर गठरी में से ख़ंजर

निकालकर एक ही झपट्टे में आज़म पर हमला करने पर आमादा हो जाता है।]

आज़म : *(झटके से पीछे हटकर, ब्राह्मण को घूरता हुआ)* तू! अज़ीज़!...धत्तेरे की!

ब्राह्मण : *(आगे बढ़कर)* कौन? आज़म!

आज़म : शुक्र है अल्लाह का। कैसा अजीब इत्तिफ़ाक़ है! मुद्दत के बाद मुलाक़ात, वो भी दिल्ली में! मगर यार अज़ीज़, तू बिरहमन कब से बना?

अज़ीज़ : श्श...ख़ामोश।

आज़म : मुझे पहले ही शुबहा हो गया था। जो शख़्स खुली अदालत में सुलतान से नाक रगड़वा सकता है, वह बाहर आने में क्यों शर्मिन्दगी महसूस कर रहा है? ऐसे फ़ख़्र के लायक़ काम के बाद भी यों लोगों से मुँह छुपा रहा है? मैं भी पलत्थी मारकर बैठ ही गया कि आख़िर इस अजूबे का दीदार कर ही लूँ। हं, देखा तो निकले अपने यार जनाबेआली अज़ीज़! ...मगर यार, तुझे इतना भी पता नहीं कि बिरहमन लोग गठरी में ख़ंजर छुपाके नहीं रखते?

अज़ीज़ : *(जल्दी-जल्दी ख़ंजर गठरी में दुबका देता है)* श्श... ख़ामोश! ख़ामोश! अगर कहीं मेरी बिरहमनीयत का राज़ फाश हो गया तो मैं मारा गया। मगर तुम क्या कर रहे थे यहाँ?

आज़म : जहाँ भी हो भीड़-भड़क्का, हाज़िर है ये चोर-उचक्का! देख लो न, आज की गाढ़ी कमाई। *(रक़म दिखाता है)*

अज़ीज़ : यानी साहबज़ादे की बचपने की आदत अभी छूटी नहीं!

आज़म : आदत नहीं यार, पेशा कहो, पेशा। *(गर्व से)* इतनी रक़म उड़ाई, मजाल है जो किसी को शक भी हुआ हो! और रक़म रखने के मुक़ामात भी सुनो...ख़ुदा ने भी नहीं देखे होंगे। पगड़ी के तल्लों में, साफ़ों की सलवटों में, लाँग की गाँठ में, आस्तीनों की चोर जेबों में। ख़ैर, मैं तो रहा बटमार का बटमार ही। तुम्हारा क्या शग़ल

चल रहा है? मामला तो बड़ा गहरा लगता है। खेड़े का धोबी, दिल्ली में बिरहमन! लम्बा चक्कर होगा।

अज़ीज़ : श्श...किसी से कहना मत।

आज़म : नहीं कहूँगा, लेकिन साझेदारी करनी होगी। साझा हो तो अपना मुँह बन्द, वरना...।

[दोनों पास के चबूतरे पर बैठते हैं।]

: ख़ैर, पहले तुम्हारी कपट कहानी का बयान हो जाए...!

अज़ीज़ : चन्द रोज़ हुए, मैं क़रीब के गाँव में मैले-कुचैले कपड़े बटोरने गया हुआ था। बड़ी ख़स्ताहाली का दिन था। न पेट में दाना, न ज़ेब में कौड़ी, परीशान-सूरत, गधे का बोझ लादे हम चले जा रहे थे। उसी वक़्त ढिंढोरे की आवाज़ से मेरे कान खड़े हो गए! हमारे सुलतान की तख़्त-नशीनी की दूसरी सालगिरह पर शाही ऐलान हो रहा था कि हक़-पसन्द सुलतान की तरफ़ से किसी भी रैयत पर कभी भी कोई जुलमो-सितम हुआ हो तो हाकिमे-अदालत से फ़रियाद करने की इजाज़त होगी। और फ़रियादी को सही इन्साफ़ मिलेगा। ग़रीब-गुरबा, अमीर-उमरा कोई भी बिला ख़ौफ़ अपनी फ़रियाद अदालत में पेश कर दे। बस, मुद्दई सुस्त गवाह चुस्त की मसल सुनी है न, मुझे अपने गाँव के बिष्नु परसाद वाली वारदात याद आई, जिसकी ज़मीन को सुलताना के कारिन्दों ने कभी ज़ब्त कर लिया था। फिर क्या—फ़ौरन मूँड़ मुँड़ा लिया और बन गया बिरहमन! नाम भी बिष्नु परसाद ही बताया। फिर दूसरे ही दिन असली बिष्नु परसाद से हम नक़ली बिष्नु परसाद ने वह ज़मीन ख़रीद ली।

आज़म : हद हो गई! ज़ब्त की हुई ज़मीन की ख़रीदारी कैसे?

अज़ीज़ : यही सवाल उस अहमक़ परसाद ने भी किया था। मैंने उसे कहा—'तुम महज़ अपनी ज़मीन की मिलकियत मुझे बेच दो।' और दस अशर्फ़ियाँ गिन के रख दीं सामने। ग़रीब का मुँह खुला-का-खुला रह गया। उसी

हालत में मैंने उससे मिलकियत लिखा ली। सोचता होगा कि ज़मीन तो गई ही है, अशर्फ़ियाँ क्यों छोड़ूँ! बस, उसको खुला मुँह वहीं छोड़, उसी दिन दिल्ली दौड़ आया और अपने इन्साफ़-पसन्द सुलतान के ख़िलाफ़ नालिश ठोक दी।

आज़म : मगर ऐ ठगों के उत्साद, अगर कहीं सुलतान को तुम्हारी इस कपट-कहानी का पता लग जाता, तो...?

[अज़ीज़ कन्धा उचका देता है।]

: एक बात अब भी मैं नहीं समझा। आख़िर तुम बिरहमन ही क्यों बने?

अज़ीज़ : ज़ाहिर है। सुलतान को अपनी इन्साफ़-पसन्दी और ग़ैर-ज़ानिबदारी को साबित करना था, अपनी रिआया पर यह ज़ाहिर करना था कि हिन्दुओं के साथ भी बराबरी का सलूक़ बरतते हैं। अगर मैं मुसलमान होता तो सुलतान इस सुनहरे मौक़े से महरूम रह जाते। सुलतान भी मुसलमान हो और फ़रियादी भी मुसलमान हो तो सुलतान को अपनी इन्साफ़-पसन्दी और ग़ैर-ज़ानिबदारी ज़ाहिर करने का मौक़ा कहाँ मिलता? अब एक बिरहमन पर सुलतान की दरियादिली की बारिश हुई तो सुलतान ख़ुश, अवाम दंग! क्यों, तुमने यहाँ इकट्ठे हुए लोगों की तरह-तरह की बातें नहीं सुनीं?

आज़म : बाप रे! बड़ा तिकड़मी दिमाग़ है तुम्हारा। ख़ैर, यह सब मैं समझ गया। मगर यह बताओ, इसमें मेरी क्या साझेदारी रहेगी?

अज़ीज़ : सुना है कि दिल्ली के अवाम को दौलताबाद रवाना करने के लिए सुलतान को बहुत मुलाज़िमों की ज़रूरत है। मुझे तो मुलाज़िमत मिल भी चुकी है...ख़ालिस हिन्दू हूँ न! अब तुम भी चलो मेरे साथ! बिरहमन के साथ मुसलमान को देखकर भोले सुलतान भी बाग़-बाग़ हो जाएँगे।

आज़म : न बाबा, मेरी तौबा ऐसी शाही मुलाज़िमत से!

अज़ीज़ : डरो नहीं, दोस्त! दिल मज़बूत रखो! फिर देखो, दौलताबाद पहुँचते-पहुँचते तुम्हारे पास दौलत की रेल-पेल हो जाएगी।

आज़म : उसके बाद?

अज़ीज़ : बाद की बात बाद को। कल की फ़िक्र में आज दुबला होने की क्या ज़रूरत? चलो दोस्त!

दृश्य : 2

[शाही महल। मुहम्मद शतरंज पर झुका हुआ बैठा है। सौतेली माँ दाख़िल होती है।]

सौतेली माँ : मुहम्मद! मुहम्मद!

मुहम्मद : ख़ूब मौक़े पर आ गई, अम्मीजान! दो लम्हे पहले आ जातीं तो दुनिया के इल्मी ख़ज़ाने का बहुत नुक़सान हो जाता।

सौतेली माँ : ऐसा क्या वाक़या हो गया, दो लम्हों में?

मुहम्मद : मैं अभी-अभी इल्मे-शतरंज के एक अहम मसले का हल तलाश कर रहा था, जिसमें अल्-अदली, अस्सराबी जैसे पहुँचे हुए आलम भी नाकाम साबित हुए थे। अब मुझे वह हल मिल गया और किस क़दर आसान है!

सौतेली माँ : पर मैं क्या समझूँ, मुहम्मद?

मुहम्मद : समझना चाहें तो समझ भी जाएँ। मगर समझने की चाह भी हो तो!

सौतेली माँ : *(चिढ़कर)* बेकार की बात मत करो! मैं यहाँ शतरंज खेलने नहीं आई। इतनी ग़रज़ है तो बुलवा लो अपने शतरंजी दोस्त आईन-उल्-मुल्क को! उसे बताओ अपना हल।

[सहसा मुहम्मद ठहाके लगाता है।]

मुहम्मद : बजा फ़रमाया, अम्मीजान, शतरंज की चाल चलनी है तो सिर्फ़ आईन-उल्-मुल्क के साथ ही।...लेकिन अब

ऐसी ही सूरत पेश हुई है, अम्मी! मगर मोहरे काठ के नहीं रहे। ज़िन्दा फ़ौजी मोहरे बन गए हैं।

सौतेली माँ : कभी-कभी तो तुम पहेलियाँ बुझाने लगते हो, मुहम्मद!

मुहम्मद : *(संजीदगी के साथ)* हाँ अम्मी, मेरा हमदम, शतरंज का दोस्त आईन-उल्-मुल्क मय-फ़ौज दिल्ली की तरफ़ रवाना हो चुका है।

सौतेली माँ : क्या? क्यों, मुहम्मद?

मुहम्मद : *(उदास होकर)* पता नहीं, अम्मी! तीन रोज़ से मगज़पच्ची कर रहा हूँ, लेकिन अभी तक समझ नहीं पाया कि आख़िर मेरे जिगरी दोस्त ने बिला-वजह मेरे ख़िलाफ़ क्यों तलवार उठाई है?

सौतेली माँ : किसी बात पर अनबन तो नहीं हुई?

मुहम्मद : अनबन कहाँ से हो, अम्मीजान! आपको मालूम है कि मेरी तख़्त-नशीनी के दौरान अवध की हालत किस क़दर ख़राब थी! चारों तरफ़ लूट-मार, क़त्लो-ग़ारत जारी थी। मैं इस सूरते-हालात से परेशान हो चुका था। मैंने आईन-उल्-मुल्क को वहाँ भेजा। और उसने जाते ही फ़सादियों का सफ़ाया कर दिया। उसके बाद हमने सुना है कि अवध की रिआया उससे इतनी ख़ुश है कि उसके नाम से दुआ माँगती है। जब दक्खिन में भी बग़ावत की आग भड़क उठी, तो मैंने उससे दरख़्वास्त की कि वह मेरी तरफ़ से दक्खिन जाए...और वहाँ भी अवध की-सी ख़ुशहाली लाए। मैंने उसकी कुमुक के लिए अपनी आधी फ़ौज भी उसके पास भिजवा दी थी। तीन महीने हो गए। आज तक उसका कोई माक़ूल जवाब नहीं आया। तीन रोज़ हुए, मेरे मुख़बिर का लिखा एक ख़त मिला जिसमें आईन-उल्-मुल्क की दग़ाबाज़ी की दास्तान दर्ज थी। लिखा था कि दिल्ली की तरफ़ कूच किए उसे आठ रोज़ हो गए हैं।

सौतेली माँ : तो अब तुम क्या करोगे?

मुहम्मद : करना क्या है? बची-खुची फ़ौज लेकर उससे जूझना है।

सौतेली माँ : बची-खुची फ़ौज?

मुहम्मद : हाँ अम्मी, मेरे पास अब उसकी फ़ौज का आठवाँ हिस्सा भी नहीं है। *(फिर एकदम हँसकर)* देखो न, शतरंज के मसले का हल पाकर मैं किस क़दर ख़ुश था, मगर तुमने आईन-उल्-मुल्क का जिक्र छेड़कर वह ख़ुशी ख़ाक में मिला दी। आपकी तशरीफ़-आवरी का सबब जानना तो मैं भूल ही गया।

सौतेली माँ : अब कोई ज़रूरत नहीं रही।

मुहम्मद : क्यों?

सौतेली माँ : कोई ख़ास बात नहीं थी। दरअसल मैं यह जानना चाहती थी कि आजकल तुम किस चक्कर में हो? दिन चढ़े तक तुम्हारे कमरे में रोशनी रहती है। रात-भर जागते रहते हो। आख़िर अपनी सेहत से ये दुश्मनी क्यों?

मुहम्मद : *(हैरानी के साथ)* यानी आप समझती हैं कि मैं आईन-उल्-मुल्क की फ़िक्र में घुला जा रहा हूँ? अम्मी-जान, फ़िक्रमन्दी या मुहब्बत की हालत में नींद न आने की बातें शायरों की ख़याली उड़ान ही हैं। अगर मैं इतना फ़िक्रमन्द होता तो शतरंज के मसले में कैसे उलझा रहता?

सौतेली माँ : तो रात-भर क्या करते हो?

मुहम्मद : *(नाटक के लहजे में)* अल्लाह से दरख़्वास्त करता रहता हूँ कि या ख़ुदा, मुझे नींद न आए! दिन तो यों ही दुनियावी शोरो-गुल में निकल जाता है, मगर ज्यों-ही-दिन का उजाला रुख़सत हो जाता है, रात की तारीकी को चीरकर मैं आसमान के पार पहुँच जाता हूँ, और आसमान के सितारों के इर्द-गिर्द मँडराया करता हूँ। फिर इब्न-अल्-मोतज, दुर्रुम्मान जैसे बावक़ार शायरों का कलाम गुनगुनाया करता हूँ। तब एकाएक दिल में यह ख़्वाहिश जागती है कि मैं अभी और इल्म हासिल करूँ, अभी और तरक़्क़ी करूँ, और ऊपर उठूँ, और...और...। फ़ौरन मेरे तसव्वुर में मेरी रिआया का साया उभरने लगता है, और मेरा जी फिर बेक़रार होने

लगता है। जी होता है कि किसी ऊँचे दरख़्त पर चढ़ जाऊँ, और वहाँ से अपनी रिआया को आवाज़ दूँ, चीख़-चीख़ कर उन्हें पुकारा करूँ–'ऐ मेरी अज़ीज़-तरीन रिआया, उठो, उठो, मैं तुम्हें आवाज़ दे रहा हूँ, तुम्हारी राह देख रहा हूँ...आओ, अपनी तमाम परेशानियाँ मुझे बताओ, मैं अपनी तमाम ख़्वाहिशें तुम्हें सुना दूँ, फिर हम सब एक साथ परवरदिगार की इबादत करें–चाहे गला ही क्यों न सूख जाए, जिस्म टूट जाए, या ख़ून ख़ुश्क हो जाए। सुनो! तवारीख़ के नए लिखे जाने वाले वरक़ अपने हैं। आओ, हम चिराग़ बनकर ज़िन्दगी को रोशनी दें। रात बनकर धरती को तमाम सरहदों को मिटा दें। आओ, मैं तुमसे गले मिलने के लिए बेचैन हूँ। लेकिन ज़मीन में जड़ जमाए बिना सितारों में टहनियाँ कहाँ से फूटें? गुज़रे हुए सुल्तानों के ज़ुल्मों की सताई हुई रिआया में मुझे नई उम्मीदें जगानी हैं। दुखों से भरी ज़िन्दगी से उनकी हिफ़ाज़त करनी है। उनकी ख़्वाहिशों और तमन्नाओं को अमली सूरत देनी है...या ख़ुदा, मेरे इतने सारे मनसूबे एक ही दौर में पूरे हो जाएँ! ख़ुदा की अज़मत, रिआया की भलाई का ख़्वाब और ज़ाती ख़्वाहिशें–जब तीनों में कशमकश हो रही हो, तो मुझे सोने का वक़्त कहाँ है, अम्मी?

[अब नाटक का लहजा छोड़कर बच्चों की तरह]

: मगर मेरी बेदारी की आड़ लेकर अपना पुराना राग न छेड़ना कि एक बेगम ले आओ, शादी करो और बाल-बच्चे पैदा करने में जुट जाओ।

सौतेली माँ : ख़ुदा ही बचाए तुम्हारी बकबक से! मुसीबत में भी तुम्हें खब्त ही सूझता है।

मुहम्मद : अम्मी, अब तक शतरंज के हर दाँव में मैंने ही आईन-उल् मुल्क को मात दी थी! अगर कहीं इस

बार वह जीत गया, और मैं लड़ाई में काम आ गया...!

सौतेली माँ : मुहम्मद, ख़ुदा के लिए ऐसे अलफ़ाज़ मुँह से न निकालो।

मुहम्मद : अगर इस लड़ाई में मुझे मरना ही है तो ज़िन्दगी के आख़िरी आठ दिन क्यों फ़िक्र और परेशानियों में ख़राब करूँ? मुझे दुश्मन की नहीं, अपनी रिआया की फ़िक्र है।

सौतेली माँ : क्या गुज़रे सुलतानों को कोई फ़िक्र ही नहीं थी?

मुहम्मद : उनकी फ़िक्र दूसरी क़िस्म की थी। फिर उनके माथे पर ताज फबता भी नहीं था, और न ख़ुद ताज उतारने की उनमें हिम्मत ही थी। नतीजा यह हुआ, जवानी में ही बेचारे बुढ़ापे का शिकार हो गए या *(माँ को घूरता हुआ)* मार गए।

सौतेली माँ : *(चीख़कर)* मुहम्मद!

मुहम्मद : क्यों, क्या हुआ?

सौतेली माँ : *(हिचकती हुई)* कुछ नहीं, कुछ नहीं।

मुहम्मद : *(माँ को घूरता है, फिर सख़्त आवाज़ में)* दो बरसों के बाद भी आपको उस ख़बर पर यक़ीन नहीं हुआ?

सौतेली माँ : कौ...कौन, कौन-सी ख़बर?

मुहम्मद : *(गुस्से को ज़ब्त करने की कोशिश का अन्दाज़, व्यंग्य से)* कौन-सी ख़बर! यही कि मैंने अपने वालिद और भाई को मौत के घाट उतरवा दिया और उनके क़त्ल से मैंने नमाज़ के वक़्त को नापाक कर दिया था।

सौतेली माँ : मैंने ऐसी अफ़वाहों पर कभी यक़ीन नहीं किया, मुहम्मद!

मुहम्मद : *(भड़ककर)* क्यों नहीं मेरी वालिदा को यक़ीन है? मेरे तमाम मुसाहिबों को है, तमाम अमीरों-वज़ीरों को है, तो सौतेली माँ को ही क्यों नहीं?

सौतेली माँ : *(चीख़कर)* नादान, मुझे सौतेली माँ समझते हो?

[दरबान दाख़िल होता है।]

दरबान : सुलतान का इक़बाल बुलन्द हो! वज़ीरे-आज़म नजीब और वाक़या-नवीस ज़ियाउद्दीन बरनी हुज़ूर का न्याज़ हासिल करना चाहते हैं।

मुहम्मद : आने दो।

[सौतेली माँ चेहरे पर नक़ाब डाल लेती है। नजीब और बरनी अन्दर दाख़िल होते हैं।]

नजीब, बरनी : अल्लाह सुलतान को सलामत रक्खे!

मुहम्मद : तशरीफ़ लाइए! अभी अम्मीजान हमसे एक बात पर बहस कर रही थीं। इस सिलसिले में आप दोनों की राय भी...।

सौतेली माँ : मुहम्मद, शतरंज की अपनी नई खोज की तफ़सीलें इन्हें भी दो न!

मुहम्मद : *(हँसकर)* इन्हें सुनाने से क्या होगा? बरनी रहा वाक़यानवीस। वो तो सिर्फ़ माज़ी की हस्तियों के सायों के साथ ही शतरंज खेल सकता है और सियासतदाँ नजीब को शतरंज खेलने के लिए चाहिए ज़िन्दा शाह-वज़ीर। इन बेजान लकड़ी के टुकड़ों में उसे क्या मिलेगा? इनके लिए एक आईन-उल्-मुल्क ही क़ाबिल शख़्स है। *(नजीब से),* नजीब, इन्तज़ाम कैसा है?

नजीब : सब ठीक है, हुज़ूर! तीन-चार नायब वज़ीरों ने अपनी टुकड़ियाँ भिजवाने का वादा किया है, लेकिन फिर भी मुझे लगता है कि फ़ौज छह हज़ार से ज़्यादा नहीं जुटेगी। तीस हज़ार के मुक़ाबिले में सिर्फ़ छह हज़ार!

मुहम्मद : नाउम्मीद क्यों होते हो, नजीब? हमारी तरफ़ उसकी फ़ौज की तादाद से एक सिफ़र ही तो कम है। तुम्हें तो ख़ुशी होनी चाहिए।

बरनी : फ़ौज! कौन-सी फ़ौज? कहाँ का इन्तज़ाम? यह सब क्या है, ख़ुदाबन्द?

नजीब : *(उसकी परवाह किए बिना)* मगर मैं एक-दूसरे ही सिलसिले में आया हूँ हुज़ूर, जिसका इन्तज़ाम अभी होना है।

[मुहम्मद नजीब की तरफ़ देखता है।]

: वली शेख़ इमामुद्दीन अब दिल्ली तशरीफ़ लाए हैं, हुज़ूर!

मुहम्मद : बड़ी अच्छी ख़बर है। दिल्ली से रवाना होने से पहले शेख़ साहब से हम दुआ माँग लेंगे।

नसीब : शेख़ साहब की तरफ़ से लापरवाह न हों, हुज़ूर!

मुहम्मद : लापरवाह! कहा न कि हम उनका दीदार करेंगे। और सुना है कि शेख़ मोहतरिम हमारे हम-शक्ल हैं, तो हम अपनी ज़ाती शक्लो-सूरत का जायज़ा भी एक बार क्यों न ले लें!

नजीब : बन्दा अर्ज़ करना चाहता है कि दीदार तो करें, लेकिन काँटा भी निकाल दें।

बरनी : *(दंग रहकर)* किस क़दर ख़ौफ़नाक सलाह दे रहे हैं, नजीब! वह भी शेख़ इमामुद्दीन जैसे नेक-दिल शख़्स के ख़िलाफ़?

मुहम्मद : *(सब्र के साथ)* क्यों नजीब, उनसे किस बात का ख़तरा है?

नजीब : दो महीने पहले ही मैंने हुज़ूर की ख़िदमत में अर्ज़ की थी कि शेख़ कोई मामूली हस्ती नहीं है। एक आग है उनकी आवाज़ में। वो अपनी तक़रीर से भोले-भाले लोगों को भड़काकर बग़ावत पर उकसाते हैं। कानपुर में उन्होंने जो तक़रीर की थी, उसी का असर तो था कि अवाम ने तैश में आकर आधे कानपुर को ख़ाक कर डाला। शेख़ साहब बड़े वली और पाक-दिल इन्सान तस्लीम किए जाते हैं। मगर उनकी इस नेक-दिली से ही बाग़ियों की हरकतों को शह मिलती है। हुज़ूर, यक़ीन न हो तो बरनी साहब से सारा हाल मालूम कर लें।

मुहम्मद : मतलब? बरनी, तुमने उनकी तक़रीर सुनी थी?

बरनी : *(झिझककर)* हाँ, हुजूर, दो महीने हुए, जब मैं दौरे पर था। लेकिन वज़ीर साहब को यह ख़बर कहाँ से मिली?

नजीब : हम हुकूमत करते हैं। ऐसी बहुत-सी तदबीरें हमें करनी होती हैं। आपको यहाँ हाज़िर होने का पैग़ाम इसीलिए दिया गया था।

मुहम्मद : *(हँसकर)* जहाँ वाक़या तारीख़ी हो, वहाँ वाक़या-नवीस पर कौन पाबन्दी लगा सकता है? लेकिन बरनी, ऐसी कौन-सी संगीन बातें शेख़े-मुहतरम ने फ़रमाई हैं जो तुम छुपाना चाहते हो?

[बरनी जवाब नहीं दे पाता।]

नजीब : हमें ख़बर मिली है कि हुज़ूर सुलतान पर शेख़ साहब ने इल्ज़ामों की बौछार कर रक्खी है। उनका कहना है कि सुलतान की तख़्त-नशीनी के बाद दीनो-ईमान ग़ारत हो गया है। सुलतान बहुत लोगों के गुनहगार हैं। उन्होंने नमाज़ के वक़्त अपने वालिद और भाई को क़त्ल करवाकर संगीन जुर्म किया है, और पाक इबादत को नापाक किया है।

मुहम्मद : *(सख़्ती के साथ)* क्या यह सच है, बरनी?

बरनी : *(सर झुकाए ही)* हाँ, ख़ुदाबन्द!

मुहम्मद : तो क्या वह बेमानी क़िस्सा अब मजमे-मजलिसों में भी छेड़ा जाता है?

बरनी : ऐसी मामूली-सी बात पर परेशान न हों, ख़ुदाबन्द!

मुहम्मद : *(फूटकर)* मामूली-सी बात? मैंने वालिद का क़त्ल किया, यह मामूली-सी बात है? नमाज़ के वक़्त को मैंने नापाक किया, क्या ये भी मामूली-सी बात है? बरनी, लोग क्या कहते हैं, इसकी मुझे परवाह नहीं है। मुझे डर लगता है उनकी ग़लत जहनियत से। अगर उन्हें दीनो-ईमान की फ़िक्र होती तो मुझे कोई एतराज़ न होता, या मेरे वालिद से ही उन्हें कोई ख़ास लगाव होता तो भी मैं उज़्र नहीं करता। मगर उन सबको महज़

मुझसे अदावत और नफ़रत है। मेरी वालिदा, जिसकी कोख से मैं पैदा हुआ हूँ, जो मेरे वालिद से सख़्त परहेज़ रखती थी, वो भी मुझसे ख़फ़ा है। किसलिए? इसलिए कि वालिद के साथ भाई भी मर गया। कमज़ोर भाई! अगर मैं मर जाता और वह बचा रहता तो उँगलियों के इशारे पर नचाया जा सकता था। मगर मैं बच गया...मैं ज़िद्दी ज़िन्दा रह गया। बस, अब इसी गुनाह के लिए वालिदा मेरा मुँह तक नहीं देखती। वो ही क्यों, मुझपर ममता लुटाने वाली ये सौतेली माँ भी उस शको-शुबहा से पाक नहीं!

[थोड़ी देर तक ख़ामोशी छाई रहती है।]

नजीब : हुज़ूर, आख़िर शेख़-मुअज़्ज़म के बारे में क्या हुक्म है?

मुहम्मद : *(मज़ाकिया ढंग से)* हुक्म क्या है! उनकी आग बरसाने वाली तक़रीर दिल्ली में भी होने दो। सबसे आगे हमीं बैठकर उनकी तक़रीर सुनेंगे। बाक़ी फिर देखा जाएगा।

नजीब : हुज़ूर, पहले से ही हम ख़तरों से घिरे हुए हैं। यह मज़ाक का वक़्त नहीं है। ऐन मौक़े पर मुनासिब कार्रवाई नहीं की गई तो जानते हैं, अंजाम क्या होगा? शेख़ साहब से रिआया की अक़ीदत गहरी होती जाएगी और उनकी पाक-दिली यहाँ भी अपना करिश्मा दिखाने लगेगी। दिल्ली में भी कानपुर वाली वारदात दुहराई जाएगी। फिर वही दंगे, फ़साद, बग़ावत का सिलसिला शुरू हो जाएगा। हुज़ूर! दारुल-सल्तनत दिल्ली में बग़ावत हो जाएगी। मुस्तक़बिल की यह तस्वीर कितनी ख़ौफ़नाक है!

बरनी : नहीं, वज़ीरे-आज़म! सुलतान ने ख़ुद ऐलान कर रक्खा है कि कोई भी आकर बिला-ख़ौफ़ सुलतान की नुक़्ताचीनी कर सकता है। अगर किसी के साथ ज़ुल्म हुआ हो तो उसका जवाब देने के लिए भी ख़ुदाबन्द हमेशा तैयार हैं। अब इन ऐलानों की सच्चाई को

साबित करने का इससे बढ़िया मौक़ा फिर कब मिलेगा? मैं यक़ीनन कहूँगा कि रिआया हमारे सुलतान की दरियादिली और इन्साफ़पसन्दी की तहेदिल से क़द्र करेगी।

नजीब : सियासत में ये दरियादिली, ये इन्साफ़पसन्दी, सब बेकार की बातें हैं। यहाँ मतलब की चीज़ एक ही है, बरनी साहब...हुकूमत की ताक़त!

बरनी : तो आपका ख़याल है कि दुनिया में ईमान की हुकूमत नामुमकिन है? लेकिन ज़रा तवारीख़ पर ग़ौर फ़रमाइए...रसूलल्लाह के पाक पैग़ाम में अब भी ईमान की हुकूमत क़ायम करने की ताक़त और क़ूव्वत है।

नजीब : मगर अब तक तो हुकूमत शमशीर की बदौलत ही क़ायम हो पाई है।

बरनी : मानता हूँ, मगर तवारीख़ दिन-ब-दिन बढ़ती रहती है, वज़ीरे-आज़म! ये ज़रूरी नहीं कि शमशीर से क़ायम की हुई हुकूमत कभी भी दीनो-ईमान का रास्ता अख़्तियार नहीं करेगी। लेकिन आप समझ नहीं सकते। आपके बचपन की हिन्दू तबीयत ने आपके ख़यालात को एकदम नाक़िस कर दिया है।

नजीब : आपको मालूम है कि मैंने हिन्दू मज़हब को क्यों तर्क किया था? नहीं न! हिन्दू फ़लसफ़े में मुझे दुनिया की भलाई का कोई सहज रास्ता नज़र नहीं आया। वह सिखाता है शख़्सी निजात का रास्ता और दुनियादारी से गोशा-नशीनी! मगर इस दुनिया की ज़िन्दगी को कैसे भुला दिया जा सकता है? अलावा इसके मैंने बचपन में हर तरफ़ अफ़रा-तफ़री और तबाही ही पाई। अपने आसपास के बेबस लोगों के लिए एक ख़ुशहाल दुनिया बनाने की उम्मीदें लेकर मैंने इस्लाम क़बूल किया था। मेरा ख़याल था कि इस्लाम ही हक़ीक़ी तरक़्क़ी का इल्म है। दुनिया के लोगों की ख़ुशी को वह बहिश्त में तलाश करने की कोशिश नहीं करता, बल्कि इसी दुनिया में ही वह ख़ुशी खोज लाने का दावा करता

है। मगर अब चीज़ें साफ़ हो गईं। सुनहरा दौर इस दुनिया में कभी क़ायम नहीं हो सकता, बरनी! यहाँ हैं सिर्फ़ चंद लम्हे जो हम जी रहे हैं! बस, इन पर से हमारी गिरफ़्त ढीली न पड़े।

मुहम्मद : अब मुझसे क्या उम्मीद करते हो, नजीब?

बरनी : उन्होंने बात साफ़ कर दी है, हुज़ूर! वो शेख़ साहब की मौत के ख़्वाहिशमन्द हैं। उन्हें क़त्ल कराना चाहते हैं।

नजीब : जी नहीं, क़त्ल करवाने से उन्हें शहादत का रुतबा मिल जाएगा। फिर मरे हुए को क्या मारना! उस हालत में आईन-उल्-मुल्क का मुक़ाबिला करने की बजाय उसकी पनाह में ही जाना बेहतर होगा।

बरनी : *(समझ न पाकर)* आईन-उल्-मुल्क? उसका मुक़ाबिला किसलिए, हुज़ूर?

मुहम्मद : अब ऐसी ही नौबत पेश हुई है, बरनी! हमारे बचपन का दोस्त आईन-उल्-मुल्क दिल्ली पर धावा बोलने का मनसूबा लिए आ रहा है। हमसे कई गुना ज़्यादा फ़ौज लेकर वह हमारी तरफ़ आ रहा है।

बरनी : नहीं ख़ुदाबन्द, मुझे यक़ीन नहीं आता।

नजीब : *(चिढ़ते हुए)* तो क्या फ़ौज लेकर वह मेला देखने आ रहा है?

बरनी : लेकिन...लेकिन उसने ऐसा क्यों किया, हुज़ूर?

मुहम्मद : तो ही जाने! अपने आख़िरी ख़त में मैंने उसे दक्खिन जाने के लिए लिखा था। कुमक के लिए अपनी फ़ौज भी भिजवाई थी। अब हमारी ही फ़ौज के बूते हमीं पर हमला करने का इरादा किया है। अब बची हुई फ़ौज को लेकर हम कन्नौज में उसका मुक़ाबिला करेंगे।

बरनी : ख़ुदा के लिए आप जल्दबाजी न करें, हुज़ूर! आप आईन-उल्-मुल्क की तबीयत और फ़ितरत से वाक़िफ़ हैं। वह दग़ाबाज़ नहीं हो सकता। वह तो सीधा-सादा नेकदिल शख़्स है। आपका दोस्त है।

मुहम्मद : *(जज़्बात को दबाते हुए)* अगर किसी दूसरे मौक़े पर वह ऐसी हरकत करता, तो शायद हमारा एतिक़ाद नहीं

डगमगाता, लेकिन ऐसे नाज़ुक वक़्त पर, जबकि हम दौलताबाद जाने की तैयारी मे हैं, उसकी इन हरकतों का क्या मक़सद है? क्या वह यह नहीं जानता कि हमारे जाने से पहले दक्खिन में अमन क़ायम होना बहुत ज़रूरी है? उसी पर हमारे तजुर्बे का दारोमदार है।

बरनी : शायद उसे ग़लतफ़हमी हुई हो, हुज़ूर! आप ज़रा सब्र कीजिए। क़ासिद भेजकर हालात का जायज़ा लीजिए। मैं ख़ुद उसके पास जाऊँगा, हक़ीक़त जानने की कोशिश करूँगा। आईन-उल्-मुल्क हम दोनों का दोस्त है। सुलह से इनकार नहीं करेगा।

नजीब : सुलह से क्या हासिल होगा, हुज़ूर? सूरते-हाल बहुत संगीन है। इधर शेख़ साहब हैं। अगर उनको यों ही छोड़ दिया गया तो दिल्ली में भी दंगा-फ़साद यक़ीनी है और इधर सुलह की गई तो यही समझा जाएगा कि सुलतान आईन-उल्-मुल्क से ख़ौफ़ज़दा हैं। हुज़ूर, आप बरनी साहब की बातों में न आएँ। यह तो अपनी मौत आप बुलाने जैसा होगा। ऐसा नहीं हो सकता। अब तो शेख़ साहब और आईन-उल्-मुल्क दोनों से छुटकारा हासिल करना ही होगा, ताकि सुलतान के बुलन्द इरादों को कोई चुनौती न दे सके। तख़्ते-शाही के ख़िलाफ़ उठनेवाले बाग़ी सिरों को बेमुरव्वती से कुचल दिया जाएगा।

बरनी : यह समझे बिना ही कि आख़िर आईन-उल्-मुल्क ने ऐसा सुलूक़ क्यों किया?

नजीब : वह तो ज़ाहिर है।

सौतेली माँ : क्या कह रहे हैं, नजीब?

नजीब : अवध के लोग अब आईन-उल्-मुल्क को अपना सरपरस्त मानते हैं। उनके लिए वो जान क़ुरबान करने को तैयार हैं। ऐसी हालत में जब आईन-उल्-मुल्क को सुलतान की तरफ़ से दक्खिन जाने का फ़रमान मिला, तो उसे शुबहा हो गया कि उसकी मक़बूलियत से सुलतान घबरा गए हैं, और हसद की वजह से वे

उसको दूर दक्खिन भेजकर उससे छुटकारा हासिल करना चाहते हैं। इसके बाद जब दिल्ली की आधी फ़ौज भी अवध पहुँच गई, तो उसका शुबहा और मज़बूत हो गया। मैंने तो उसी वक़्त हुज़ूर से अर्ज़ की थी कि फ़ौज अभी न भिजवाई जाए।

मुहम्मद : हमें यह बातें पहले से क्यों नहीं सूझीं!

बरनी : आपको भले ही न सूझी हों, हुज़ूर, मगर वज़ीरे-आज़म को हर बात का इल्म था। फिर भी उन्होंने इस बात को पोशीदा रखा।

नजीब : ज़ाहिर करने का मौक़ा मिलता तो ज़रूर करता। फिर भी आप जैसे तारीख़-नवीस को एक बात जता देना ज़रूरी समझता हूँ बरनी साहब, कि सियासत में गहरी दोस्ती का यही हक़ होता है।

बरनी : आख़िर यह अदावत किसलिए, वज़ीरे-आज़म?

नजीब : अदावत नहीं, पेशबन्दी है। सियासत की बुनियाद ही पेशबन्दी पर क़ायम है। हम सबको शक की नज़र से देखते हैं।

सौतेली माँ : इसका मतलब यह हुआ कि सुलतान भी शको-शुबहा से बरी नहीं है।

नजीब : गुस्ताख़ी माफ़ हो, बेगम साहिबा! मैं तख़्तेशाही का वफ़ादार पहले हूँ। एक बार जो ग़लती हो जाए वह दुबारा न दोहराई जा सके, यही मेरी वफ़ादारी की कसौटी है।

सौतेली माँ : *(सख़्त आवाज़ में)* इतनी मजाल! मुहम्मद! ऐसे गुस्ताख़ शख़्स के साथ कभी रियायत नहीं बरतनी चाहिए।

मुहम्मद : यह बात हम पर छोड़ें, अम्मीजान! नजीब, तुम्हारी राय में हमें क्या करना चाहिए?

नजीब : एकदम तो कुछ भी अर्ज़ नहीं कर सकता हुज़ूर, फिर भी एक बात है।

[मुहम्मद देखता है।]

: शेख़ साहब आपके हम-शक्ल हैं, इसे भूलिएगा नहीं।

[मुहम्मद घूरकर नजीब को देखता है।]

बरनी : शेख़-मोहतरम से इस मामले का क्या वास्ता है?

मुहम्मद : बरनी, आईन-उल्-मुल्क हमारा शतरंजी दोस्त है। अब जान की बाज़ी लगाकर उसके साथ शतरंज खेलनी होगी। नजीब, शेख़ साहब को इसी वक़्त हमारी तरफ़ से दावत भिजवा दो। परसों शाम को बड़ी मस्जिद के सामने सहन में अज़ीमुश्शान मजलिस होगी। सारे शहर में मुनादी करवा दो कि दिल्ली का हर बाशिन्दा मजलिस में हाज़िर हो। उस दिन शेख़ साहब अवाम के सामने अपनी जोशीली तक़रीर करेंगे। उन्हें इस बात की इजाज़त होगी कि हमारे मुताल्लिक़ वो जो चाहें कहें, जी भरकर भला-बुरा कहें, फटकारें, लानत भेजें, बद-दुआ दें। हम ख़ुद हाज़िर होकर वह तक़रीर सुनेंगे। तुमको याद रहे नजीब, उसी रात को हमें कन्नौज के लिए कूच की तैयारी भी करनी है, फ़ौज को आरास्ता रखा जाए।

सौतेली माँ : तुम्हारी ग़ैरहाज़िरी में दिल्ली में कौन रहेगा, मुहम्मद?

मुहम्मद : क्यों, वज़ीरे-आज़म जो हैं। इसके अलावा हमने सम्पन शहर के अमीर के साहबज़ादे शहाबुद्दीन को भी कहला भेजा है। दो-तीन दिनों में वह यहाँ पहुँच जाएगा।

सौतेली माँ : ऐसा क्यों? दिल्ली में अमीर-उमराओं की कमी है क्या?

मुहम्मद : *(हँसकर)* नहीं, यह बात नहीं। सम्पन शहर का अमीर हमसे कुछ बदगुमान हो रहा है। अब उसी के साहबज़ादे को बुलाकर उसको अपने हक़ में कर लेना चाहते हैं।

बरनी : यह किसलिए, हुज़ूर?

मुहम्मद : अगर मेरा खेल तुम्हें पसन्द नहीं है तो मुझे माफ़ करो, बरनी! लेकिन मेरे लिए दूसरा रास्ता ही नहीं है। आपका क्या हुक्म है, अम्मीजान?

सौतेली माँ : मुहम्मद, मैं बरनी साहब के साथ कुछ मशविरा करना चाहती हूँ। थोड़ी देर के लिए वो यहाँ रहें।

मुहम्मद : ख़ुशी से!

[मुहम्मद और नजीब चले जाते हैं।]

सौतेली माँ : शरीफ़ बरनी, समझ नहीं पा रही हूँ...किस तरह से आपसे बयान करूँ? अपने ही बेटे के ख़िलाफ़ कुछ कहना भी तो...।

बरनी : बन्दे पर भरोसा करें, बेगम साहिबा!

सौतेली माँ : हमें मालूम है, शरीफ़ बरनी, तभी आपसे रुकने की दरख़्वास्त की थी...*(रुककर)* आप मुहम्मद के मिज़ाज से अच्छी तरह वाक़िफ़ हैं। वो इस क़दर ज़हीन, आलिम-फ़ाजिल और जफ़ाकश हैं कि सब उसे बेनज़ीर तस्लीम करते हैं। लेकिन साथ ही वह इंतिहाई दर्जे का हस्सास और जज़्बाती भी है। कभी-कभी पागलों की-सी हरकतें कर बैठता है। अगर किसी वजह से वह दुखी हो जाए या ख़फ़ा हो जाए तो कोई बता नहीं सकता कि पल-भर में वो क्या क़यामत बरपा कर दे। ऐसे शख़्स के साथ आप जैसे संजीदा-मिज़ाज और धीरज के शख़्स का होना ज़रूरी है। शरीफ़ बरनी! वादा कीजिए, आप किसी भी हालत में...।

बरनी : सुलतान के साथ रहा करूँगा। आप बेफ़िक्र रहें। आपने मुझ बन्दे पर जिस यक़ीन से यह ज़िम्मेदारी सौंपी है, उसकी मैं तहेदिल से क़द्र करता हूँ। यह आपकी ज़र्रा-नवाज़ी है, और मेरी ख़ुशनसीबी।

सौतेली माँ : *(बातों की परवाह किए बिना)* अब देखिए न, पता नहीं, आईन-उल्-मुल्क और शेख़ इमामुद्दीन के बहाने क्या करने पर आमादा है?

बरनी : गुस्ताख़ी माफ़ हो, बेगम साहिबा! नसीहत करनेवाला मैं कौन हूँ, फिर भी आपकी मेहरबानी के भरोसे छोटी-सी अर्ज़ करना चाहता हूँ। वज़ीरे-आज़म से मुझे कोई रंजिश नहीं, फिर भी सुलतान पर उनका जो

असर है उसके ख़याल से कभी-कभी मेरी रूह काँप जाती है।

सौतेली माँ : *(पूरी कड़वाहट के साथ)* मालूम्र है मुझे...चन्द रोज़ और इन्तज़ार करूँगी...लेकिन अगर बात बरदाश्त की हद से बढ़ गई तो उसकी ऐसी दुर्गति करूँगी कि ख़ुदा भी उसे पनाह नहीं देगा।

[बरनी, जो अभी-अभी बेगम साहिबा की इनायत से अपने-आपको ख़ुशनसीब समझ रहा था, बेगम के इन भयानक इरादों से एकदम चौंक पड़ता है।]

ढिंढोरची : सुनो ऐ दिल्ली शहर के बाशिन्दो! हुज़ूरआला शाहेशाहान, वालिए-जहान का ताज़ा फ़रमान सुनो!

आज शाम को, नमाज़ के बाद, वहीं मसजिद के सामने वसी सेहन में एक ख़ास जलसा होगा। इस जलसे में बंगाल के शेख़ इमामुद्दीन, हिन्दुस्तान के आली मर्तबा बुज़ुर्ग लोगों को ख़िताब करेंगे। अवाम को अपने पाक ख़यालात से नवाज़ेंगे। इन्साफ़-पसन्द सुलतान के तर्ज़े-अमल का मुफ़स्सिल तब्सिरा पेश करेंगे। बादशाह सलामत से सरज़द हुई ग़लतियों, ज़ुल्मों और मज़हबी बेक़ायदगियों का पूरा जायज़ा लेंगे। शेख़ की रहनुमाई हासिल करने के इरादे से नेकदिल सुलतान बज़ाते-ख़ुद वहाँ मौजूद रहेंगे। शाही हुक्म है कि दिल्ली का हर ख़ासोआम इस जलसे में बिला खटके शरीक हो और शेख़ की नसीहतों से फ़ैज़ हासिल करके अपनी ज़िन्दगी को सही तरीक़े से ढालने की कोशिश करे। सुनो, सुनो शहर दिल्ली के बाशिन्दो, सुनो...!

दृश्य : 3

[मसजिद के सामने का सेहन। मुहम्मद और शेख़ ऊँचे चबूतरे पर गद्दियों के सहारे बैठे हैं; दोनों शक्लो-सूरत में एक जैसे हैं। किनारे पर दो-तीन सिपाही हथियारों से लैस खड़े हैं।]

मुहम्मद : अभी तक कोई नहीं आया।

शेख़ : हमसे ज़्यादा आप बेसब्र मालूम होते हैं, सुलतान! कोई नहीं आया तो आपको ख़ुश होना चाहिए।

मुहम्मद : नहीं शेख़, ऐसी बात होती तो अपनी तरफ़ से मुनादी न करवाते। हम कोई वली नहीं हैं कि आपके दिल की बातें जान पाएँ। हम यह जानने के लिए बेक़रार हैं कि हमारे मुताल्लिक़ आपके क्या ख़यालात हैं।

शेख़ : मुमकिन है कि मेरी तल्ख़ बातें सुनने पर आपकी ये बेक़रारी सर्द पड़ जाए। क्योंकि मैं ऐसा शख़्स नहीं हूँ कि आपकी मौजूदगी से ख़ौफ़-ज़दा होकर शीरीं-ज़बाँ बन जाऊँ!

मुहम्मद : हमें मालूम है, शेख़! आपकी साफ़गोई की शोहरत पहले ही दिल्ली पहुँच चुकी है।

[ताली बजाकर एक सिपाही को बुला लेता है।]

: वज़ीर साहब को हमारा हुक्म सुना दो कि वो अपने तमाम मुसाहिबों के साथ यहाँ अभी हाज़िर हों और शहर के सारे अमीर-उमरा भी यहाँ फ़ौरन मौजूद हों।

शेख़ : नहीं सुलतान, हम इस हुक्म की मुख़ालिफ़त करते हैं। हुक्म के ज़ोर से हाज़िर होनेवाले तमाशाई हमें नहीं चाहिए।

मुहम्मद : तो कब तक इन्तज़ार किया जाए? हमें चाहिए था कि आज दरबार में ही सबको यहाँ हाज़िर होने का हुक्म दे देते। तब ऐसी सूरत पेश नहीं आती। ऐसी बदतमीज़ी क्यों? एक भी बन्दा इस जलसे में शरीक नहीं हुआ।

शेख़ : *(हँसता है)* कहते हैं कि हमारी शक्लो-सबाहत आपसे मिलती है, मगर मिज़ाज और फ़ितरत में किस क़दर फ़र्क है! अगर आपके हुक्म से गुलाम ही आपके जलसे में आनेवाले हों, तो मेरा यहाँ तक आने का मक़सद ही ख़त्म हो जाएगा। मुझे ऐसे अवाम चाहिए जिनमें क़ूव्वते-फ़ैसला हो, जो आपकी हुकूमत का तख़्ता ही उलट दें।

[मुहम्मद सिपाही को वापस जाने का इशारा करता है।]

मुहम्मद : मुमकिन है कि हमने कभी नासमझी की हो, लेकिन हमारा दावा है कि हमने अपना फ़र्ज़ अदा करने में लापरवाही कभी नहीं बरती।

शेख़ : इतना घमंड आपको ज़ेब नहीं देता, सुलतान! क़ुरानशरीफ़ में बताए हुए क़ायदों को आपने तोड़ा है। अगर आप क़ुरानशरीफ़ की पाक आयतों के मायने नहीं जानते तो इमामों, सैयदों और आलिमों से दरियाफ़्त करना चाहिए था, और उनकी बातों की ताज़ीम करनी चाहिए थी। लेकिन आपने ग़ैर-ज़ानिबदारी और इन्साफ़-पसन्दी की आड़ में न जाने कितने इमामों, सैयदों और आलिमों को मौत के घाट उतार दिया है।

मुहम्मद : मगर मज़हब का दायरा छोड़कर उन लोगों ने सियासत में दख़ल देने की जुर्रत की थी। मज़हब को मेरी सियासत से क्या वास्ता? मुअज़्ज़म! जब कभी गायूरी

की कैफ़ियत मेरे वजूद पर हावी हो जाती है तब दीन की रोशनी ही मुझे तस्कीन दे पाती है। अपनी ज़िन्दगी में मैं बिलकुल अकेला हूँ, मोहतरम! यहाँ ईमान ही मेरा रहनुमा है। लेकिन मेरी सल्तनत महज़ मेरी नहीं है—रिआया की भी है। हाँ, वहाँ गन्दगी ज़रूर है। मगर जब इनसान की पैदा की हुई गन्दगी को साफ़ करना है, तो अल्लाह का नाम लेकर क्यों चीखूँ?

शेख़ : क्योंकि वही कारसाज़ है। अल्लाह का पाक-कलाम ही दुनिया की ग़िलाज़त को साफ़ करने में मददगार साबित हुआ है। *(आवाज़ में नरमी लाते हुए)* सुलतान! सात सौ साल से अहले-अरब तब्लीग़े-इस्लाम में मसरूफ़ रहे हैं। अब वह क़ौम थम चुकी है। लेकिन तारीख़े-इस्लाम की जो बुनियाद उसने रखी है, उसी से अब हमें सुनहरा दौर लाने की कोशिश करनी है। और इसे अंजाम देने के लिए एक आलीक़द्र शख़्स की ज़रूरत है। ख़ुदा का करम है कि उसने आपको तमाम हुनर बख़्शे हैं। रौशन-दिमाग़ी, क़ूव्वते-बाज़ू, शाही इक़्तदार जैसी आलातरीन ख़ूबियों से आप मालामाल हैं। क्या ख़ुदा की इन इनायतों का आप सिला नहीं देंगे?

मुहम्मद : घुटनों के बल रेंगकर फ़ासला तय नहीं किया जाता, शेख़ साहिब! घुटनों के बजाय मैं पंजों पर चलना चाहता हूँ।

शेख़ : इतना ग़रूर अच्छा नहीं, सुलतान! आपका यह सोचना ग़लत है सुलतान कि आपको अल्लाह के पैग़ाम के अलावा भी इल्म हासिल हुआ है। ऐसी नादानी से बाज़ आइए! आप इनसानियत की हद पार करके ख़ुदा बनने की कोशिश में हैं।

मुहम्मद : वह काफ़िर हो जो ख़ुदा बनने की कोशिश में हो। मैं परवरदिगार का नाचीज़ ग़ुलाम हूँ।

शेख़ : ग़ुलामों ने भी अक्सर आक़ा बनने की जुर्रत की है, सुलतान!

मुहम्मद : आपका तंज़ मैं समझता हूँ, मुअज़्ज़म! मेरे दादा गुलाम थे। मेरे वालिद सुलतान हो गए। मगर यह सियासत का खेल है, शेख़ साहिब!

शेख़ : मज़हबी और सियासी वजूदों को मुख़्तलिफ़ मानकर आप बज़ाते-ख़ुद एक कशमकश को दावत दे रहे हैं, सुलतान! अगर कशमकश बढ़ गई तो इनमें से एक को यक़ीनन ख़त्म होना पड़ेगा।

मुहम्मद : *(बड़ी विनम्रता के साथ)* मगर इस बढ़ती हुई कशमकश को कैसे समझ सकूँगा, शेख़? मुझे याद है, जब मैं यूनान और चीन के फ़लसफ़ियों की दानाई पर दिन-रात ग़ौर किया करता था, ज़हर पीकर आबे-हयात अता करनेवाले सुकरात, आला शायरी करनेवाले अफ़लातून को जब याद किया करता था तो मुझे एक अनजानी मसर्रत का एहसास हुआ करता था, इस दुनिया को भूल जाता था। अब उस खोई हुई ख़ुशी को याद करता हूँ तो फिर नादान बचपन में लौटने को जी चाहता है। शायद अब मैं दौलते-इल्म से आहिस्ता-आहिस्ता महरूम होता जाऊँगा और जो मेरे भीतर जज़्ब हो चुका है, उसकी बदौलत अपने ज़मीर का गला भी घोंटता जाऊँगा। मौजूदा कशमकश से अब मुझे कोई निजात नहीं दिला सकता। मगर इस कशमकश से अपनी सल्तनत को ज़रूर बचा सकता हूँ। इसलिए मुझे सिर्फ़ अपने आपका ही पूरा भरोसा करना होगा।

शेख़ : *(मुहम्मद की इन बातों से पुर-असर होकर, फिर ज़रा रुककर)* वाक़ई आपकी दानिशमन्दी बेनज़ीर है, सुलतान! आप शायद इतनी बड़ी ज़िम्मेदारी का बोझ उठा लें; लेकिन आपके बाद जो तख़्तनशीन होगा, उसमें यह सिफ़्त कहाँ से आएगी? आप जैसा ज़हीन शख़्स और कहाँ मिलेगा? कहाँ है आपके दिखाए हुए रास्ते पर चलनेवाले जाँ-नशीन?

मुहम्मद : कहीं नहीं। इस सेहन की मानिन्द सब सूना है।

[शेख़ चौंककर चारों ओर देखता है।]

: मुअज़्ज़म, हमने सुना था कि आपकी जोशीली तक़रीर सुनकर कानपुर के अवाम इस क़दर बरहम हुए कि बग़ावत की मशाल लेकर उन्हीं ने हमारे हाकिमों की क़यामगाहों को जला डाला। मगर आज दिल्ली में...मसजिद के इस वसी सेहन में एक परिन्दा भी नहीं फटका। ऐसा क्यों हुआ?

[शेख़ जवाब नहीं दे पाते हैं।]

: शेख़ मुअज़्ज़म की तक़रीर की जब शाही मुनादी कराई गई, तो अहले-दिल्ली का माथा ठनका। सियासत की करामात! दिल्ली के लोगों को आपकी सदाक़त और ईमानदारी पर शुबहा हो गया कि आख़िर जो शख़्स सरेआम सुलतान की नुक्ताचीनी करेगा, उसके लिए सुलतान की तरफ़ से क्यों मुनादी कराई गई! इस अनोखे तरीक़े ने सबको ख़ौफ़ज़दा कर दिया। उनको एहसास होने लगा कि हो न हो, यह तो सुलतान के दुश्मनों को खोज निकालने की महज़ एक चाल है और इस चाल में हज़रत की हैसियत भी एक मुहरे की है।

शेख़ : *(हैरान होकर)* तो क्या पहले से आप इस अंजाम से वाक़िफ़ थे?

मुहम्मद : नहीं, लेकिन क़यास था, तभी हमने यह तजुर्बा किया।

शेख़ : तजुर्बा! लेकिन अब मेरा क्या हश्र होगा? अब क़यामत तक यह शक मेरे पीछे लगा रहेगा। भोले-भाले अवाम जो अब तक मुझे अक़ीदतमन्दी से देखते थे, अब मुझे आपका कठपुतला समझेंगे? क्या आपको इस बात का इल्म नहीं था कि आप मेरी ज़िन्दगी, मेरी हैसियत को इस तरह तबाह करने जा रहे हैं?

मुहम्मद : मुझे इल्म था। लेकिन आपको भी आज एक नया तजुर्बा हुआ न! दीनो-ईमान की ख़ातिर जो शख़्स अपनी ज़िन्दगी वक़्फ़ कर चुका हो, महज़ इस एक हादसे से उसकी सूरतेहाल इस क़दर बिगड़ जाए, तो इसे क्या कहा जाए? अब आप जान गए होंगे,

आमो-ख़ास की मज़हबी अक़ीदत की जड़ें किस क़दर कमज़ोर हैं! अवाम का भोलापन फ़ितरती तौर पर शुबहा और वहम से वाबस्ता होता है, मोहतरम! पिछले सुलतानों ने अवाम को कुचले जानेवाले कीड़े और अहमक़ ही तस्लीम किया था। मैं इस रविश को बुनियादी तौर पर बदलना चाहता हूँ, हज़रत!

[दो लम्हे के लिए सन्नाटा छाया रहता है।]

शेख़ : आपका तजुर्बा कामयाब रहा, सुलतान! ख़ूब सबक़ दिया मुझे आपने! अब इसी सबक़ को अमली सूरत देने की कोशिश करूँगा। ख़ुदा हाफ़िज़! *(चलते हैं।)*

मुहम्मद : कहाँ जा रहे हैं, शेख़ इमामुद्दीन?

शेख़ : आपकी हुकूमत की बद-इन्तज़ामी को दूर करने के इरादे से मैंने मौजूदा राहे-अमल को इख़्तियार किया था, लेकिन आज मैं बिलकुल नाकारा साबित हुआ।

मुहम्मद : नहीं शेख़, फ़िलहाल आप ही हमारे लिए एक कार-आमद शख़्स हैं।

शेख़ : मज़ाक बड़ा तकलीफ़देह है, सुलतान! आप हमें इजाज़त दें।

मुहम्मद : शेख़ मोहतरिम, अवध के अमीर आईन-उल्-मुल्क ने दिल्ली पर चढ़ाई करने का फ़ैसला किया है।

शेख़ : लेकिन मुझे यह बताने से क्या हासिल होगा, सुलतान? आपने तो बाग़ी दक्खिन का ग़रूर तोड़ा है, आपके लिए यह कोई मुश्किल नहीं। और मेरी क्या बिसात!

मुहम्मद : अपनी अज़ीम-तरीन रिआया की भलाई की ख़ातिर हम अमन चाहते हैं। इसलिए हम सुलह चाहते हैं। लेकिन उल्-मुल्क को हमारे इरादों पर कैसे यक़ीन होगा? अगर हम क़ासिदों के जरिये सुलह का पैग़ाम भेजेंगे, तो उल्-मुल्क हरगिज़ ऐतिबार नहीं करेगा। लेकिन वह आपकी ताज़ीम करता है। आपकी

नेकनीयती पर उसे भरोसा है। इसलिए मैं आपसे इल्तिजा करता हूँ कि आप हमारे पैग़ाम-रसाँ की हैसियत से सुलह के नेक काम को अंजाम दें–अपनी ख़ातिर नहीं, उन बेक़सूर मुसलमानों की ख़ातिर जो बिला-वजह मुसलमानों के हाथों मारे जाएँगे। यह ज़िम्मेदारी मैं आपके सुपुर्द करता हूँ।

शेख़ : *(दो लम्हे सोचकर)* मैं यक़ीन करूँगा कि इसके पीछे कोई सियासी चाल नहीं है?

मुहम्मद : यक़ीनन नहीं है, शेख़ साहब!

शेख़ : *(फिर दो लम्हे रुककर)* तो हमें कोई एतराज़ नहीं।

मुहम्मद : वाक़ई आप पैग़ाम-रसाँ की हैसियत से आईन-उल्-मुल्क के पास जाने को राजी हैं? इसे हम आपका क़ौल तसलीम करें?

शेख़ : हाँ।

मुहम्मद : *(ताली बजाकर सिपाही को बुलाता है)* जाओ, वज़ीर साहब के यहाँ से एलचियों के लायक़ शाही लिबास लेकर आओ।

[ख़ादिम बा-अदब चला जाता है।]

शेख़ : शाही लिबास पहले से ही तैयार रखा हुआ था?

मुहम्मद : मुझे यक़ीन था कि हालत की संगीनी देखकर आप इस ज़िम्मेदारी से इनकार नहीं करेंगे।

शेख़ : *(हँसकर)* आपकी हिकमते-अमली हर तरह से क़ाबिलेतारीफ़ है, सुलतान! लेकिन आप अपने तजुरबे के अंजाम से बेख़बर लगते हैं। अगर आईन-उल्-मुल्क भी मुझे आपका एक मोहरा तसलीम करे, तो?

मुहम्मद : वो अहले-दिल्ली की मानिन्द अहमक़ नहीं है। मेरी फ़ितरत और तबीयत से वह अच्छी तरह वाक़िफ़ है। आख़िर हम दोनों जिगरी दोस्त हैं। इसके अलावा आज के इस हादसे की ख़बर अभी उस तक पहुँच भी नहीं सकती। हमें यहाँ से कुछ ही देर में कूच करना है। उल्-मुल्क अपनी फ़ौज लेकर पहले ही

रवाना हो चुका है। हमें कन्नौज के क़रीब उसका मुक़ाबिला करना है।

[ख़ादिम शाही लिबास लिये दाख़िल होता है। मुहम्मद चोग़ा हाथ में लिये शेख़ की तरफ़ बढ़ता है।]

शेख़ : *(रोकते हुए)* जब आपको जंग करना ही नहीं है तो मुक़ाबिले की जगह की पाबन्दी के माने?

मुहम्मद : यह सच है कि हम ख़ूनख़राबा नहीं चाहते। मगर कहीं उलू-मुल्क की ललचाई हुई नज़र दिल्ली के शाही तख़्त पर जमी हो, तो हमें आगे बढ़कर उसका मुक़ाबिला करना ही है। हम सुलतान हैं शेख़ मुअज़्ज़म, अपनी सल्तनत और रिआया की सलामती हमारी ज़िम्मेदारी है।

शेख़ : *(प्रभावित होकर)* सुलतान! इतनी देर के बाद मैं समझ पा रहा हूँ, आपमें इस क़दर ख़ुद-एतमादी क्यों है!

मुहम्मद : अब आप शाही लिबास पहनने के लिए रजामन्द हैं?

शेख़ : ये ख़ातिरदारी, यह इज़्ज़त...लेकिन किस क़दर अजीब हालत में!

[मुहम्मद शेख़ को शाही लिबास पहनाता है, सर पर साफ़ा रखता है। दोनों आमने-सामने खड़े होते हैं। लिबास के लिहाज़ से दोनों एक जैसे लगते हैं।]

: सुलतान! मुझे अभी तक यक़ीन नहीं आ रहा कि इसके पीछे कोई सियासी चाल नहीं है।

ढिंढोरची : सुनो ऐ दिल्ली शहर के बाशिन्दो! सुनो, शाहे-शाहान का फ़रमान सुनो!

रहम-दिल सुलतान की मेहरबानी के मोहताज, अवध के हाकिम आईन-उल्-मुल्क ने ख़िलाफ़े-उम्मीद दिल्ली पर चढ़ाई करने का मनसूबा बनाया है। आईन-उल्-मुल्क से मिलने के वास्ते, अमन-पसन्द सुलतान बज़ाते-ख़ुद कन्नौज की तरफ़ रवाना हो गए हैं। सुलतान बाग़ी आईन-उल्-मुल्क को यह जता देना चाहते हैं कि इस क़िस्म की बग़ावत महज़ अहमक़ाना हरकत है, और यह कामयाब नहीं होगी। सुलतान मुल्क के अमनो-अमान में खलल नहीं पड़ने देंगे। इस नेक मक़सद के लिए ख़ुदातर्स सुलतान की इमदाद के इरादे से बंगाल के क़ाबिले-ताज़ीम शेख़ इमामुद्दीन भी शाह के हमसफ़र हैं।

जब तक सुलतान दारुल-सल्तनत दिल्ली से बाहर रहेंगे, तब तक के लिए उनकी जगह सम्पन शहर के दिलेर शहाबुद्दीन नायब सुलतान की हैसियत से हुकूमत की कार्रवाइयों को अंजाम देंगे। इस दरमियान दिल्ली में अवाम से यह उम्मीद की जाती है कि नायब सुलतान के हुक्मों की तामील करें। आगे फ़रमान यह है कि सुलतान की फ़तहयाबी के लिए मुसलसल इबादत जारी रहे। सुनो...सुनो...!

[स्टेज पर अँधेरा। फिर थोड़ी देर के बाद...]

: सुनो ऐ दिल्ली शहर के बाशिन्दो! सुनो! नायब सुलतान शहाबुद्दीन का ताज़ा फ़रमान सुनो! सुलतान ने बाग़ी आईन-उल्-मुल्क के साथ सुलह करने की

जो-जो तदबीरें इख़्तियार की थीं, सब बेकार साबित हो गईं। नतीजा यह है कि सुलतान को कन्नौज के मैदाने-जंग में बाग़ियों का मुकाबला करना पड़ा। बाग़ियों की फ़ौज ग़ाज़ियों की बनिस्बत कई गुना ज़्यादा थी। फिर भी हौसलामन्द सुलतान और उनके जाँबाज़ सिपाहियों ने बड़ी बहादुरी से लड़ाई की और बाग़ी आईन-उल्-मुल्क की फ़ौज को करारी शिकस्त दी है। एहसान-फ़रामोश आईन-उल्-मुल्क अब हमारे मेहरबान सुलतान के हाथों गिरफ़्तार हो गया है। मौजूदा फ़तहयाबी की ख़ुशी में, जो अल्लाह के फ़ज़ल से इनायत हुई है, बड़ी मसजिद में आज शाम को बड़े पैमाने पर इबादत की जाएगी। इस इबादत में तमाम अक़ीदतमन्द मुसलमान शरीक हों और अल्लाहताला के हुज़ूर में नमाज़े-शुक्रगुज़ारी अदा करें!

दृश्य : 4

[महल का दूसरा कोना। नायब सुलतान शहाबुद्दीन ख़तूत पढ़ने में मसरूफ़ हैं। दरबान दाख़िल होता है।]

दरबान : नायब सुलतान सलामत रहें! मादरे-सुलतान, नायब सुलतान से मुलाक़ात की ख़ातिर तशरीफ़ लाई हैं।

शहाबुद्दीन : मादरे-सुलतान! कौन?

दरबान : सुलतान की वालिदा, हुज़ूर!

शहाबुद्दीन : उन्हें बा-इज़्ज़त अन्दर ले आओ।

[दरबान चला जाता है। शहाबुद्दीन ख़तों को किनारे रख देता है। दरबान के साथ सौतेली माँ दाख़िल होती है। शहाबुद्दीन उठकर बन्दगी करता है।]

शहाबुद्दीन : बड़ी बेगम साहिबा का साया हम पर रहे। पैग़ाम भिजवातीं तो हम ख़ुद ख़िदमत में हाज़िर हो जाते।

सौतेली माँ : न जाने क्यों यकायक ख़ौफ़ महसूस होने लगा और बेसब्री बढ़ती गई, इसलिए मैं ख़ुद यहाँ आ गई। सुलतान की कोई नई ख़बर मिली है?

शहाबुद्दीन : नहीं बेगम साहिबा, हम ख़ुद हैरान हैं कि अब तक कोई ख़बर-रसाँ क्यों नहीं आया! आठ रोज़ पहले जो जंग हुई थी और सुलतान ने आईन-उल्-मुल्क को जिसमें हरा दिया था, उसके बाद कोई इत्तिला नहीं मिली। सुलह क्यों नहीं हुई, और सुलह कराने के वास्ते जो शेख़े-मोहतरिम साथ गए थे, उनका क्या हुआ, इसके

मुताल्लिक़ कुछ ख़बर नहीं मिली। माफ़ करें बेगम साहिबा, मैं भी आपकी तरह अँधेरे में हूँ।

सौतेंली माँ : माफ़ी किस बात की, नायब सुलतान? सुलतान की ग़ैर-हाज़िरी में भी यहाँ इन्तज़ाम बरक़रार रहा, इसके लिए हम आपके शुक्र-गुज़ार हैं।

शहाबुद्दीन : मेरी क्या हस्ती है, बेगम साहिबा! अगर वज़ीरे-आज़म मुहम्मद नजीब जैसे दूरंदेश सियासत-दाँ की मदद न होती तो शायद...।

सौतेली माँ : आप उसका नाम न लीजिए। मुझे उससे कोई दिलचस्पी नहीं। मैं उससे इन्तिहाई नफ़रत करती हूँ। ग़नीमत है कि आपके आने पर मुझे नजीब के साथ गुफ़्तगू करने की नौबत नहीं आई।

शहाबुद्दीन : यह आपकी ज़र्रानवाज़ी है कि आपने मुझे इस क़दर क़ाबिले-एतिबार समझा।

सौतेली माँ : मेरे एतिबार की बात नहीं। मौजूदा हालात में आपको अपने शहर से बुलाकर आपको हुकूमत की ज़िम्मेदारी जो सुपुर्द की गई है, इसी से साबित होता है कि सुलतान के मोतबिरों में आपका क्या दर्जा है, वरना दिल्ली क्या अमीर-उमराओं से ख़ाली हो गई थी? उनकी जगह...।

[दरबान अन्दर जाता है।]

दरबान : बेगम हुज़ूर और नायब सुलतान सलामत रहें। रतनसिंह तशरीफ़ लाए हैं।

शहाबुद्दीन : फ़ौरन भेज दो...!

[दरबान जाता है।]

सौतेली माँ : रतनसिंह कौन है?

शहाबुद्दीन : मेरा दोस्त...दोस्त से भी ज़्यादा मेरा भाई है। मेरे वालिद के हाथ उसके अब्बा का क़त्ल हुआ था। लेकिन... *(रतनसिंह दाख़िल होता है)* आपस में हम भाई-भाई हैं।...क्या ख़बर है, रतनसिंह? सुलतान कहाँ हैं?

रतनसिंह : अभी-अभी दिल्ली तशरीफ़ लाए हैं। शाही महल के सदर मुक़ाम की तरफ़ गए हैं।

सौतेली माँ : क्या? तब तो मुझे वहाँ जाना चाहिए।

रतनसिंह : गुस्ताख़ी माफ़ हो बेगम साहिबा, सुलतान के साथ बन्दा भी मौजूद था। सुलतान ख़ुद आपसे और नायब सुलतान से मिलने के लिए इधर ही तशरीफ़ ला रहे हैं। मैं यही पैग़ाम आपको देने आया था।

सौतेली माँ : लेकिन बिला इत्तिला दिए कैसे वापस आ गए? इस क़दर जल्दबाजी में? हम किस क़दर बेताबी के साथ सुलतान का इन्तज़ार कर रहे थे! वापसी की ख़बर मिल जाती तो सारा शहर इस्तक़बाल के लिए आरास्ता किया जाता। हर रास्ते, हर मोड़ को सजाया जाता! आख़िर क्या बात थी कि सुलतान ने अपनी वापसी की ख़बर देना भी गवारा न किया?

रतनसिंह : *(ज़रा-सी झिझक के साथ)* सुलतान बेहद अफ़सुर्दा हैं, बेगम साहिबा! शेख़ इमामुद्दीन का इंतिक़ाल हो गया।

सौतेली माँ : क्या शेख़ इमामुद्दीन का इंतिक़ाल हो गया?

रतनसिंह : आपको ख़बर नहीं है, बेगम साहिबा? मैदाने-जंग में शेख़ मोहतरिम वफ़ात पा गए!

शहाबुद्दीन : क्यों, क्या हुआ था? मैदाने-जंग में वो क्यों गए थे?

रतनसिंह : मैं नहीं जानता, शहाबुद्दीन! उस वक़्त मैं दूसरे मुक़ाम पर लड़ रहा था।

शहाबुद्दीन : लड़ाई का अंजाम क्या हुआ?

रतनसिंह : हमारी तरफ़ से सिर्फ़ छह सौ सिपाही खेत रहे, और दुश्मन की फ़ौज का तीन-चौथाई हिस्सा साफ़ हो गया।

शहाबुद्दीन : यानी हमारे जाँबाज़ों ने बेमिसाल बहादुरी दिखाई होगी।

[सौतेली माँ उदास हो जाती है। उसी वक़्त चोबदार की आवाज़ :]

चोबदार : बा-अदब बा-मुलाहिज़ा होशियार! ख़ुदाबन्द, ख़ुदातर्स सुलतान तशरीफ़ ला रहे हैं।

[मुहम्मद, नजीब, बरनी दाख़िल होते हैं। रतनसिंह बन्दगी करता है।]

शहाबुद्दीन : *(झुककर)* सुलतान का इक़बाल बुलन्द हो! ख़ुदा आपका हर क़दम फ़तह की जानिब ले जाए!

मुहम्मद : बन्दगी नहीं शहाबुद्दीन, गले मिलो! *(गले मिलता है)* मेरी ग़ैर-मौजूदगी में तुमने जो हुकूमत की बागडोर सँभाली है, उसके लिए हम तहेदिल से तुम्हारा एहसान मानते हैं।

शहाबुद्दीन : मैं सुलतान का ख़ादिम हूँ, ख़ुदाबन्द!

सौतेली माँ : मुहम्मद, शेख़े-मुअज़्ज़म के मुताल्लिक़ यह कैसी ख़बर आई है...?

मुहम्मद : *(चेहरा एकदम फ़क़ पड़ जाता है।)* क्या यह अभी दरियाफ़्त करना था, अम्मी? मुअज़्ज़म की मौत का तसव्वुर भी करते हैं, तो रूह काँप जाती है। किस क़दर बद-शक्ल हो गई थी उनकी लाश! *(जैसे अपने-आपसे बोले जा रहा हो)* शेख़ का बेजान जिस्म ख़ेमे में लाया गया। सर से पैर तक तीरों से छिदा हुआ था। ज्योंही मेरी नज़र उस पर गई, लम्हे-भर के लिए मुझे एहसास हुआ कि गोया वे तमाम तीर गेरे जिस्म में बिंध गए हों। मुझे लगा, मेरे सामने की लाश शेख़ की नहीं, बल्कि ख़ुद मेरी हो। उनकी डरावनी सूरत मेरे सीने में घुस गई थी। दिल में आया कि यहाँ से बेतहाशा भाग जाऊँ और कहीं अथाह गहराइयों में छुप जाऊँ; या अपने सारे वजूद को उस बेजान जिस्म में डाल दूँ!

बरनी : हुज़ूर, शेख़ की मौत की वजह से आप क्यों ग़मगीन हैं? उनकी मौत का बायस...!

सौतेली माँ : उस ग़द्दार आईन-उल्-मुल्क का क्या किया ? उसे मौत के घाट नहीं उतारा?

मुहम्मद : *(धीमी आवाज़ में)* उसे मैंने आजाद कर दिया।

[सभी ताज्जुब से आँखें फाड़कर देखने लगते हैं।]

सौतेली माँ : आज़ाद कर दिया? उसकी बेवफ़ाई पर इनाम अता किया? उस बदकार को तो फ़ौरन ख़त्म करवा देना चाहिए था।

नजीब : बेगम साहिबा बजा फ़रमा रही हैं, हुज़ूर! अवध में आईन-उल्-मुल्क के बेशुमार हिमायती हैं। उसको आज़ाद करने का मतलब है, बाग़ियों के हाथ जलती मशाल थमा देना।

बरनी : आपका यह ख़याल बिलकुल ग़लत है, वज़ीरे-आज़म! सुलतान जैसी हस्ती के लिए यही वाजिब था। अपनी इन्साफ़-पसन्दी से सुलतान ने यह साबित कर दिया कि दोस्ती सियासत से ज़्यादा अज़ीज़ है।

नजीब : *(बेरुख़ी से)* फिर वही राग...।

मुहम्मद : *(हँसता हुआ)* शायद आप सबका ख़याल है कि मैंने आईन-उल्-मुल्क को ख़ुदा के रहमोकरम पर छोड़ दिया। आईन-उल्-मुल्क को मैंने सिर्फ़ आज़ाद ही नहीं किया, बल्कि उसे अवध का राज भी वापस कर दिया।

नजीब : अगर ख़ुद तबाही को दावत देना चाहें तो हमारी क्या मजाल है हुज़ूर, कि कुछ कहें!

सौतेली माँ : ऐसा कौन-सा बड़ा काम उसने किया था जिसके लिए उसके साथ ऐसा सलूक़ किया गया?

मुहम्मद : *(कहानी सुनाने के रंग में)* वह एक लम्बी दास्तान है। कन्नौज जाने से पहले, जिस शतरंजी मसले का हल हासिल किया था, उसमें एक भूल रह गई थी। आईन-उल्-मुल्क को जब मेरे सामने पेश किया गया, तो मैंने उससे कहा–'उल्-मुल्क! मैंने शतरंज में एक मुश्किल मसले का हल तलाश कर लिया है। देखोगे?' वह राज़ी हो गया। मैंने शतरंज बिछाकर खेल बताया।

वह मुतास्सिर होकर बोला—'कमाल का हल पाया है, सुलतान!' और पलभर ख़ामोश रहा...फिर एकाएक बोल पड़ा—'नहीं सुलतान, इसमें एक भूल है,' और यों ही लम्हों में उसने वह भूल दिखा दी जिसका मुझे ज़रा भी इल्म नहीं था, तो हमने उनकी तमाम सियासी ग़लतियों को माफ़ कर दिया।

बरनी : वाक़ई आप बुलन्द हैं, हुज़ूर!

मुहम्मद : और तुम नेकदिल हो, बरनी! आख़िरकार नेकदिली की ही क़द्र होती है। वज़ीरे-आज़म के चेहरे की शिकनों को ज़रा ग़ौर से देखो। लगता है कि हमने उलू-मुल्क को आज़ाद करके जो दरियादिली दिखाई, गोया उस पर उसे ज़रा भी यक़ीन नहीं। शायद इसमें भी उसे सियासी चाल नज़र आ रही होगी।

नजीब : अपनी फ़ितरत से मजबूर हूँ, और इत्तिफ़ाक़ से मेरा काम भी उसी क़िस्म का है।

मुहम्मद : शहाबुद्दीन, अब हम रुख़सत होते हैं। आज ही शहर-भर में मुनादी करा दो कि शेख़ मोहतरिम की शहादत बोझ से निजात हासिल करने के लिए सब लोग आज शाम को परवरदिगार से दुआएँ माँगें।

बरनी : उनकी शहादत का बोझ दिल्ली पर क्यों नाज़िल होगा, हुज़ूर?

मुहम्मद : बरनी, शेख़ जैसे मर्दे-ख़ुदा की मौत हो, और हम लोग ज़िन्दा रहें, यही गुनाह है। अब हम जाएँगे। शहाबुद्दीन भी चन्द लम्हों के लिए फ़राग़त महसूस करें।

[सिवाय शहाबुद्दीन और रतनसिंह के सब चले जाते हैं।]

शहाबुद्दीन : रतन, सुलतान की इस संजीदगी की क्या वजह है?

रतनसिंह : मैं बहुत थका हुआ हूँ, शहाबुद्दीन! मैं सोना चाहता हूँ।

शहाबुद्दीन : इस क़दर बेरुख़ी क्यों, रतन? यत तो बताओ, आख़िर शेख़े-मोहतरम पर क्या गुज़रा था?

रतनसिंह : तुम्हारे सुल्तान इस हद तक धोखेबाज़ हो सकते हैं, यह मैंने ख़्वाब में भी नहीं सोचा था! एक ओर क़त्ल कराते हैं, दूसरी ओर उस क़त्ल को शहादत का रंग देते हैं।

शहाबुद्दीन : क़त्ल? किसका? क्या बक रहे हो?

रतनसिंह : हाँ, मैं बक रहा हूँ! मैं ख़ब्ती हूँ न?

शहाबुद्दीन : ग़लत मत समझो, रतन! मैं कई बार तुमसे कह चुका हूँ कि बिला-वजह सुलतान की शिकायत करना सरासर नाजायज़ है। आख़िरी कोई वजह भी तो हो। हिन्दुओं की तरक़्क़ी और भलाई के लिए सुलतान ने क्या नहीं किया? नफ़रत के जोश में इस सच्चाई को भी नज़रअन्दाज़ कर दोगे?

रतनसिंह : सुलतान की नेकनीयती का मैं हमेशा से कायल रहा हूँ। मगर उनकी यह नेकनीयती भी बड़ी बे-मुरव्वत है, शहाबुद्दीन! उनकी इसी नेकनीयती ने मुसलमानों की तरह हिन्दुओं पर भी सितम ढाए हैं। दोआब के ख़ौफ़नाक क़हत के शिकारों में सिर्फ़ मुसलमान ही नहीं...।

शहाबुद्दीन : क़हत क़ुदरती बला है। उसके लिए सुलतान के बुलन्द ख़यालों पर शक करना हद दरजे की नासमझी है। तुम्हारी ऐसी ही बातें मुझे बकवास लगती हैं।

रतनसिंह : बकवास है या नामसझी, यह तुम्हारा ज़ाती नज़रिया है। मगर सच्चाई ये है कि दोआब की ज़मीन की ज़रखेज़ी पर सुलतान का जी ललचा गया और बिना सोचे-समझे मालगुज़ारी पहले से दस गुना ज़्यादा बढ़ा दी। अब ख़ुदा की क़ुदरत, नए साल बारिश ही नहीं हुई। मगर क्या इस क़ुदरती बला का इन्तिक़ाम रिआया से लेना चाहिए था? मालगुज़ारी न देनेवालों पर जुल्म ढाना चाहिए था? उनको उनकी मौरूसी ज़मीन और जायदाद से बेदख़ल कर देना चाहिए था? तब क़हत क्यों नहीं पड़ता!

शहाबुद्दीन : मैं जानता हूँ कि वहाँ ज़्यादती हुई है। मगर ये ज़्यादतियाँ सुलतान के हाकिमों की हैं।

रतनसिंह : यानी तुम्हारे नुक़्तए-नज़र से सुलतान बेदाग़ हैं? किसी भी वारदात के लिए वो ज़िम्मेदार नहीं हैं, तो फिर शेख़ इमामुद्दीन के मौत का कौन जवाबदेह है? आईन-उल्-मुल्क है? तुम्हारे वही हाकिम हैं?

शहाबुद्दीन : आख़िर तुम साफ़-साफ़ क्यों नहीं बताते? शेख़-मोहतरम के साथ क्या वारदात हुई?

रतनसिंह : मैं डरता हूँ शहाबुद्दीन, तुम्हारे सुलतान से नहीं, बल्कि तुमसे! मुझे अंदेशा है कि शेख़ इमामुद्दीन की मौत की हक़ीक़त सुनने के बाद भी तुमपर कोई असर न हो।

शहाबुद्दीन : यह सरासर ज़्यादती है रतन, कि तुम यों हमारी नीयत पर शक करो। जैसी तुम्हारी मर्ज़ी!

रतनसिंह : तुम्हारी इस तरह की जज़बाती हरकतों से मैं बेज़ार हो जाता हूँ। *(फिर रुककर)* मुझे तो इतना याद है कि इस हादसे में मेरी मौत नहीं हुई...बस, यही ग़नीमत समझो।

शहाबुद्दीन : अब कब तक राज़दारी करते रहोगे, रतन? जो हादसा हुआ है, आख़िर उसे बयान क्यों नहीं करते?

रतनसिंह : अगर इतना इसरार है तो सुनो...। सुलतान ने तुम्हें तो दिल्ली बुला लिया और मैं कन्नौज जाकर उनसे मिला। अर्ज़ की कि मैं शहाबुद्दीन की तरफ़ से आया हूँ...और जंग में सुलतान की मदद के लिए तैयार हूँ। लेकिन मुझे लगा कि मेरी आमद पर सुलतान को कोई ख़ुशी नहीं हुई, और वो कुछ बातें मुझसे पोशीदा रखना चाहते हैं। अगली सुबह को ही मेरा शुबहा सही साबित हुआ।

शहाबुद्दीन : क्यों, क्या हुआ?

रतनसिंह : उस दिन शेख़ मोहतरम, आईन-उल्-मुल्क के साथ सुलह कराने के इरादे से अपने मुक़ाम से रवाना होनेवाले थे। उनके साथ एक दस्ता भी जाने के लिए तैयार किया गया और इस दस्ते की अगली क़तार में रहने के लिए ही मुझे हुक्म दिया गया। मुझे एहसास

था कि अगर जंग छिड़ जाती तो दस्ते की पहली क़तार ही यक़ीनन ख़त्म होती!

[लम्हेभर के लिए सन्नाटा]

शहाबुद्दीन : तो फिर?

रतनसिंह : शेख़ इमामुद्दीन हाथी पर सवार थे। बेचारे! अपने को बाक़ायदा शाही सफ़ीर समझ रहे थे। उनके सर पर सुलतान का इसरार से दिया हुआ इमामा सज़ा था। सुलतान के ही हाथों इसरार से पहनाया हुआ शाही लिबास उनके जिस्म पर था। और बिला-शुबहा, दूर से शेख़े-मुअज़्ज़म बजाते ख़ुद सुलतान ही लगते थे!

शहाबुद्दीन : उस वक़्त सुलतान अपने ख़ेमे में थे?

रतनसिंह : नहीं, वो चार हज़ार की फ़ौज लेकर नज़दीक के पहाड़ के पीछे छुपे खड़े थे।

शहाबुद्दीन : छुपे हुए?

रतनसिंह : शेख़ इमामुद्दीन हमारे दस्ते के आगे-आगे आईन-उल्-मुल्क की फ़ौज की तरफ़ बढ़े। उनका हाथी उल्-मुल्क की फ़ौज से पाँच सौ गज़ के फ़ासले पर खड़ा हुआ। शेख़े-मोहतरम हाथी के हौदे पर से खड़े होकर आईन-उल्-मुल्क को कुछ बताना चाहते थे कि एकाएक हमारी तरफ़ से किसी ने जंगी तुरही बजा दी। इसी को इशारा मानकर मेरे इर्द-गिर्द खड़े सिपाहियों ने दुश्मनों पर तीरों की बौछार शुरू कर दी। बाज़ सिपाहियों ने दुश्मनों पर हमला बोल दिया। जंग छिड़ गई। लेकिन शहाबुद्दीन, जंगी कार्रवाइयाँ पहले हमने शुरू की थीं, उल्-मुल्क ने नहीं।

शहाबुद्दीन : और सुलतान?

रतनसिंह : मैं कुछ समझ नहीं पाया। शेख़ की तरफ़ निगाह उठाई, मारे दहशत के उनका चेहरा बिगड़ चुका था। परीशाँ-सूरत शेख़ चिल्लाने लगे–'रुक जाओ, रुक जाओ!'

शहाबुद्दीन : या ख़ुदा!

रतनसिंह : मगर नक़्क़ारख़ाने में तूती की आवाज़ कौन सुनता है? मैं भी बे-जिगरी से जूझता रहा। एकाएक 'सुलतान को बचाओ, सुलतान को बचाओ,' कहकर एक साथ कई चीख़ें सुनाई पड़ीं। मैंने नज़र उठाकर शेख़ साहब की जानिब देखा, वो...।

[रुकता है, कमरे की ख़ामोशी चीख़ती हुई-सी लगती है।]

रतनसिंह : शेख़े-मुअज़्ज़म पहले की तरह बेहिस खड़े थे, और मुसलसल तीरों की बौछार उनके जिस्म को बींधे जा रही थी। तीरों से बचने की कोशिश में शेख़ ने अपना मुँह ढाँप लिया। अब वो काँटों का एक लम्बा बुत-सा नज़र आने लगे। फिर देखते-देखते शेख़-मोहतरम का जिस्म हाथी के हौदे पर से ज़मीन पर धड़ाम से आ गिरा। हम घबराकर तितर-बितर हो गए। बेतहाशा पीछे की तरफ़ भागने लगे। भागते ही रहे, भागते ही रहे। हम सब इन्तिहाई दहशत में थे। हमने अपने-आपको घोड़ों की मर्ज़ी पर छोड़ दिया...।

शहाबुद्दीन : और सुलतान ने कोई क़दम नहीं उठाया?

रतनसिंह : *(व्यंग्य से, हँसकर, धीमे से)* हाँ, ज़रूर उठाया। सिपाहियों ने यही समझा कि ख़ुद सुलतान मारे गए। अन्धे दुश्मन, फ़तह का नारा लगाते हमारे दस्ते का पीछा करते हुए, मैदाने-जंग की सरहद तक बढ़ आए। उस पहाड़ के पीछे सुलतान बदस्तूर अपने चार हज़ार सिपाहियों के साथ मुस्तैद खड़े थे। अब दुश्मनों की फ़ौज तबाही के जाल में फँस गई। जंग ख़त्म होते-होते दुश्मनों की तीन-चौथाई फ़ौज का सफ़ाया हो चुका था, और *(व्यंग्य से)* हम फ़तहयाब हो गए। *(रुककर)* क्या अब भी सुलतान को गुनहगार मानने से इनकार करोगे? क्यों, अब भी तुम्हें मेरे अलफ़ाज़ पर एतिबारा नहीं हुआ?

[थोड़ी देर ख़ामोशी, फिर :]

शहाबुद्दीन : *(धीमी आवाज़ में)* हाँ, सुलतान शायद क़सूरवार हैं, ज़रूर हैं, लेकिन यह क़सूर महज़ सुलतान का नहीं। इसमें अहले-दिल्ली भी शरीक हैं। बड़ी उम्मीदें लेकर उस दिन शेख़े-मोहतरम दिल्ली आए होंगे। उनको यक़ीन रहा होगा कि अहले-दिल्ली उनको सुनेंगे। मगर किसी को भी उस जलसे में पहुँचने की फुरसत नहीं मिली। अगर चन्द शख़्स भी उस जलसे में मौजूद रहते तो यह ख़ौफ़नाक हादसा कभी न होता।

रतनसिंह : *(ठहाके के साथ)* शाबाश! ये हैं दोस्ती का बेमिसाल नमूना। मगर तुम्हें मालूम भी है कि ख़ुद अहले-दिल्ली इस हादसे के मुताल्लिक़ क्या सोचते हैं?

शहाबुद्दीन : मुझे क्योंकर मालूम हो?

रतनसिंह : मालूम करने की कोशिश भी की है?

शहाबुद्दीन : क्या मतलब?

रतनसिंह : दिल्ली के बाज़ उमरा, ताजिर, इमाम वग़ैरह फ़िलहाल पोशीदा तौर पर कोई तजवीज़ करना चाहते हैं। यह कोई पहली बार नहीं कि सुलतान ने इस क़िस्म की फ़रेब-कारी की हो। गए दो सालों से उनसे ऐसी बेशुमार हरकतें सरज़द होती रही हैं। इसलिए सुना है कि अब सुलतान की इन नाक़ाबिले-बरदाश्त हरकतों को हमेशा के लिए ख़त्म करने की तदबीरें निकाली जाएँगी।

शहाबुद्दीन : तुम्हें कैसे पता लगा?

रतनसिंह : दिल्ली की सियासती चालों के लिए तुम अभी नौसिखुए हो, शहाबुद्दीन! जिस रोज़ मालूम हुआ कि सुलतान ने जंगी दस्ते की अगली क़तार में भिजवाकर मुझे मरवा डालने की साज़िश की थी, उसी रोज़ से कई अमीर-उमरा मेरे पीछे पड़े हैं। आज ही, अभी कुछ ही लम्हे पहले जब मैं इस तरफ़ आ रहा था, सुलतान के बिलकुल बीस गज़ पीछे एक अमीर ने अपनी खुफ़िया बैठक में आने की दावत दी है। मुमकिन हो

तो तुम्हें भी वहाँ ले आने को कहा है। लेकिन मैंने जवाब में कहा था कि मैं ज़रूर बैठक में मौजूद रहूँगा, मगर शहाबुद्दीन के मुताल्लिक़ वादा नहीं करता। अगर वह राजी हुआ तो ज़रूर लेता जाऊँगा। बोलो...चलोगे?

शहाबुद्दीन : हूँ...!

दृश्य : 5

[दिल्ली शहर की ही एक क़याम-गाह। चार-पाँच अमीर, इमाम बैठे हैं। दूसरी तरफ़ शहाबुद्दीन और रतनसिंह भी मौजूद हैं।]

शहाबुद्दीन : मैं यह साफ़ बता देना चाहता हूँ कि मैं सुलतान का कोई ख़ास दोस्त नहीं हूँ, और न उनसे मेरी कोई ख़ास बाबस्तगी है। लेकिन यहाँ सवाल मेरे ताल्लुक़ात या दोस्ती का नहीं है, बल्कि आपका अपना ज़ाती मामला है। अगर सुलतान का तर्ज़े-अमल आपको पसन्द नहीं है, तो यह आपका सरदर्द है। मैं तो चन्द रोज़ के बाद अपने सूबे वापस जा रहा हूँ। ऐसी सूरत में मुझे ख़ास फ़र्क नहीं पड़ता।

अमीर 1 : हाँ-हाँ, वही तो इस मामले का ख़ास नुक़ता है। आप सुलतान के ख़ास मोतबिरों में से एक हैं। दूसरों की बात हम नहीं कहते, मगर आपके साथ कभी वो बे-एतिबारी नहीं बरतेंगे।

शहाबुद्दीन : *(हँसता है)* मैं सुलतान का मोतबिर हूँ, महज़ इसी बिना पर आप मुझसे सुलतान की हुकूमत की बदख़ोई करवाना चाहते हैं। मैं तो दिल्ली का बाशिन्दा भी नहीं हूँ...।

अमीर 2 : दिल्ली की आबोहवा की यही तो ख़ास सिफ़्त है कि यहाँ अहले-दिल्ली, अहले-दिल्ली का एतिबार नहीं करते। दिल्ली-वालों को हमेशा से बाहरी रहनुमाई ही रास आई है। *(फिर दबी आवाज़ में)* हम सब घर की मुर्ग़ियाँ जो हैं!

[इस पर सब दबे-दबे हँसने लगते हैं।]

शहाबुद्दीन : कौन-सा ख़तरा दरपेश है यहाँ पर...मुझे तो कुछ नज़र नहीं आता।

अमीर 1 : आप...बराये-मेहरबानी ज़रा ग़ौर तो फ़रमाइए। यह दौलताबाद जाने का एक नया बखेड़ा क्यों खड़ा किया गया? इसीलिए न कि हम जैसे बा-इज़्ज़त, बा-ईमान अमीरों को बिला-वजह परेशान किया जाए। यहाँ दिल्ली में हमारी अपनी ज़मीन-जायदाद है, अपनी जात-बिरादरी है, यानी हम यहाँ के पुश्त-दर-पुश्त जमे हुए बाशिन्दे हैं। अब हमें यहाँ से बेदख़ल करने की साज़िश की जा रही है, और दौलताबाद ले जाने की तैयारियाँ हो रही हैं! मगर दौलताबाद से हमारा क्या वास्ता है? यहाँ से एकदम उलटा हाल है वहाँ का! इस पर वहाँ के बाशिन्दे भी हिन्दू हैं, जो हमें देखते ही लाल-पीले हो जाएँगे। सुलतान के पास तो मुसल्लह फ़ौज है जिसके बूते पर वो हिन्दुओं को अपने क़ाबू में दबाए रख सकते हैं, मगर हमारा क्या होगा? न दोस्त-हिमायती हैं, न जात-बिरादरी है। मजबूर होकर भले ही सुलतान की क़दमबोसी किया करो। मैं ग़लतबयानी तो नहीं कर रहा हूँ? दर-हक़ीक़त जनाब, हम हमेशा वहाँ मुब्तलाए-आफ़त रहेंगे। यही मक़सद है सुलतान की इन हरकतों का!

अमीर 2 : अब आपसे क्या छुपाएँ! देख लीजिए न...यहाँ दिल्ली में भी हमारी क्या दुर्गति हो गई है। जब से ये मौजूदा सुलतान तख़्तनशीन हुए हैं, तभी से हम पर बेतहाशा महसूल बढ़ाए जाते रहे हैं। ज़मीन, मकान, खाना- पहनना—सब पर महसूल लगा है। अगर ये रफ़्तार यहीं तक रुक जाती तो भी कुछ ग़नीमत थी। मगर अब फ़रमाते हैं कि जुआ खेलने का महसूल भी पहले अदा करो, ऐसी सूरत में हम अमीर-उमरा ज़िन्दा कैसे रहें? ये तो हद दर्जे का सितम है कि बिना सुलतान को इत्तिला दिए कुछ भी न करो।

शहाबुद्दीन : बजा है, लेकिन सुलतान की नख़्तनशीनी के बाद ही देहातों-क़स्बों में कितने मकतब-मदरसे खुले हैं! पुल-नहरें बनी हैं! दवाख़ाने क़ायम हुए हैं! अब इन सबके इन्तज़ाम के लिए रक़म भी तो चाहिए।

सैयद : लेकिन ग़ैर-दीनी तरीक़ों से रक़म कमाना इस्लाम में बिलकुल मना है, शहाबुद्दीन! क़ुराने-पाक में सिर्फ़ चार क़िस्म की ज़कातें तसलीम की गई हैं। मगर सुलतान को इनकी परवाह ही कहाँ है? अलावा इसके, इस्लाम में यह भी तसलीम-शुदा रिवाज़ रहा है कि जंगी आमदनी का अस्सी फ़ीसदी हिस्सा सीधे इमाम को पहुँचे। लेकिन मौजूदा सुलतान सिर्फ़ बीस फ़ीसदी मुहैया करते हैं। अगर यही सूरते-हाल क़ायम रही तो हम इमाम-सैयदों की क़द्र ही क्या रहेगी? मौजूदा सुलतान की बे-इन्साफ़ी का एक और ताज़ा सबूत पेश करता हूँ। मामला क़ाबिले ग़ौर है। कहते हैं कि अब से हिन्दू लोग...।

[रतनसिंह को देखकर चुप हो जाता है।]

रतनसिंह : कहते जाइए सैयद साहब, मेरी मौजूदगी का लिहाज़ न कीजिएगा। हम भी मौजूदा ख़ब्ती सुलतान से तंग आ चुके हैं।

शहाबुद्दीन : *(उबलते गुस्से को रोकता हुआ)* आप कहना क्या चाहते हैं?

सैयद : हाँ, यही कि मैं अर्ज़ करना चाहता था कि...हिन्दू लोग जज़िया दें, ज़रूर दें। नहीं देते हैं तो देने के लिए उन्हें मजबूर कर दें। मगर सुलतान फ़रमाते हैं कि हिन्दू-मुसलमान बराबर हैं। दोनों क़ौमें इन्सान की नस्ल हैं, हिन्दुओं का जज़िया देना इन्सानियत की बेक़द्री है। इससे बदतरीन ग़ैर-आईनी हरकत और क्या होगी?

शहाबुद्दीन : *(सख़्त नाराज़गी के साथ),* बस, बस, बहुत हो चुका। आप लोगों के साथ मैं कभी इत्तिफ़ाक़ नहीं कर

सकता। और यह मेरा हर्फ़े-आख़िर है। आप लोग सुलतान के पाँव की गर्द तक छूने के क़ाबिल नहीं। चलो रतनसिंह, हम एक पल यहाँ नहीं ठहरेंगे। अलविदा...!

[सब भौंचक्के-से खड़े हो जाते हैं। एक-दूसरे को सवालिया नज़र से देखने लगते हैं।]

रतनसिंह : ठीक है, चलो!

[उसी वक़्त एक बुज़ुर्ग इमाम, जो अब तक एक कोने में ख़ामोश बैठे थे, बोलते हैं।]

इमाम : क़ाबिले-ताज़ीम शहाबुद्दीन!

शहाबुद्दीन : *(पीठ फेरे)* आपने सुना नहीं, मेरा फ़ैसला...?

इमाम : शहाबुद्दीन, हमने ज़िन्दगी-भर सिवाय अल्लाह-ताला के किसी दूसरी हस्ती के आगे हाथ नहीं फैलाए थे। मगर आज आपके आगे हाथ फैलाते हैं। दो-ज़ानू होकर इल्तिजा करते हैं कि ख़ुदा के वास्ते दीनो-ईमान की सलामती की ख़ातिर आप रुक जाएँ।

शहाबुद्दीन : *(इनाम की वेदना से गद्गद होकर)* क्या मैं जान सकता हूँ कि मैं किससे मुख़ातिब हूँ?

सैयद : *(हिक़ारत से)* मोअज़्ज़म शेख़ शम्सुद्दीन तज़ुद्दारफ़ीम।

शहाबुद्दीन : मोअज़्ज़म शेख़ शम्सुद्दीन! आली क़द्र आप यहाँ इस आलम में क्या कर रहे हैं, इन लोगों के बीच?

शम्सुद्दीन : बजा फ़रमाते हैं? शरीफ़ शहाबुद्दीन! हमारी भी रूहानी ख़्वाहिश यही थी कि मीनारे-मसजिद में बैठे उस परवरदिगार की इबादत में हम मशगूल रहते। अल्लाह- ताला की राह में हमारी ज़िन्दगी वक्फ़ हो। मगर दीनो-ईमान का वजूद सिर्फ़ मेरे वास्ते नहीं, बल्कि उन सबके वास्ते है जो उसके मौतक़िद हैं। जब अल्लाह के बन्दे ज़ुल्म के शिकार हों, तब मैं अकेला आशियाने में कैसे पड़ा रहूँ? शायद आप आगाह नहीं हैं कि गुज़िश्ता एक हफ़्ते के दरमियान यहाँ क्या-क्या

वाक़ये हो चुके हैं। शेख़ हैदर को हिरासत में ले लिया गया। शेख़ दूद को जिलावतन कर दिया गया।

शहाबुद्दीन : मुझे मालूम है। लेकिन शेख़-सैयदों ने भी सियासत में दख़ल देने की कोशिश की थी।

शम्सुद्दीन : शेख़-सैयदों ने अगर अपने लोगों की भलाई का ख़याल रखा तो क्या गुनाह किया? दारुल-सल्तनत को दिल्ली से दौलताबाद ले जाने की ग़लत तजवीज़ की अगर मुख़ालिफ़त की तो कौन-सा जुर्म किया? अहले-दिल्ली की मुश्किलात का इज़हार कर दिया तो कौन-सा क़सूर हुआ? फिर नेकदिल शेख़ इमामुद्दीन ने कौन-सा गुनाह किया था जिनको मैदाने-जंग में क़ुरबानी का बकरा बनाया गया?

शहाबुद्दीन : *(ज़रा रुककर)* यह सही है कि शेख़ इमामुद्दीन ने कोई गुनाह नहीं किया था, मगर इस मामले में सिर्फ़ सुलतान ही नहीं, बल्कि दिल्ली का हर मुसलमान गुनहगार है। यों तो कोई भी हक़ीक़मत ही कहेगा कि शेख़ मोहतरम सुलतान के साथ ख़ुदकुशी के लिए ही अवध गए थे। वो अहले-दिल्ली से ना-उम्मीद हो गए थे। मोअज़्ज़म दिल्ली आए थे दिल्ली के अवाम को बेदार करने के वास्ते, उनमें जोश की रवानी को बहाल करने के वास्ते। वो आवाम के आगे एक नया नज़रिया पेश करना चाहते थे। मगर अफ़सोस! बड़ी मसजिद के वसी सेहन में जब तक़रीर सुनाने शेख़ मोहतरम तशरीफ़ लाए, तो वहाँ सिवाय सुलतान के कोई शख़्स मौजूद नहीं था। सब अपनी-अपनी क़यामगाहों में मुँह छुपाए बैठे थे। क्या सुलतान का ख़ौफ़ सबके ज़ेहनों पर बैठ गया था? दिल्ली के बाशिन्दों की इस बुज़दिली, इस बेरुख़ी से ही शायद शेख़ साहब का हौसला पस्त हो गया होगा। अब महज़ सुलतान को कोसने से क्या फ़ायदा?

[सबके चेहरों पर ताज्जुब की शिकनें नज़र आती हैं।]

शम्सुद्दीन : यानी अन्दरूनी हरकतों से आप बिलकुल वाक़िफ़ नहीं हैं?

शहाबुद्दीन : अन्दरूनी हरकतें?

[सब लोग इस तरह मुँह बनाते हैं, जैसे शहाबुद्दीन की नासमझी पर तरस खा रहे हों।]

शम्सुद्दीन : हाँ, शरीफ़ शहाबुद्दीन! जिस रोज़ शेख़ इमामुद्दीन की तक़रीर होनेवाली थी, उसी रोज़ की सुबह दिल्ली-भर में शाही ऐलान हुआ था कि शहर का हर ख़ासो-आम जलसे में शरीक हो। लेकिन उसी दोपहर को सुलतान के फ़ौजी घर-घर जाकर धमकियाँ दे रहे थे कि जो भी जलसे में शरीक होगा उसके लिए नतीजा अच्छा नहीं होगा।

[सन्नाटा। शहाबुद्दीन जवाब नहीं दे पाता।]

शहाबुद्दीन : क्या सुलतान फ़ौजियों की इन हरकतों से वाक़िफ़ थे?

शम्सुद्दीन : यक़ीनन थे! सुलतान ने फ़ौजियों को ख़ुद हुक्म दिया था कि जलसे में पहुँचने की हर कोशिश को नाकाम कर दिया जाए। जिस वक़्त शेख़ के आगे सुलतान अपनी तशवीश ज़ाहिर कर रहे थे, कि अभी कोई क्यों नहीं आया, उस वक़्त शहर के मकानात के इर्द-गिर्द उनके सिपाही जलसे में शरीक होने के ख़्वाहिशमन्द लोगों को ज़बरदस्ती भीतर ढकेल रहे थे। आपको अब भी यक़ीन नहीं हो रहा है, तो यहाँ देखिए। *(क़मीज़ की ऊपरी घुंडी खोलकर दिखाता है)* सिपाहियों के हुक्म की जो ना-फ़रमानी मैंने की थी, उस पर यह फ़ौजी इनाम मुझे मिला है, वरना मेरे साथ सख़्ती बरतने की उनको क्या ज़रूरत पड़ी थी?

रतनसिंह : शहाबुद्दीन, अब तो समझ गए होंगे कि सुलतान की ग़ैर-हाज़िरी में तुम्हीं को यहाँ बुलाया गया था, जबकि गुज़िश्ता मौक़ों पर दिल्ली के उमरा ही सब कारोबार सँभालते थे। *(हँसकर)* इसीलिए तो सुलतान ने तुम्हारा एतिबार किया!

शहाबुद्दीन : हो सकता है। मगर इससे कोई ज़ाती हक़-तलफ़ी नहीं हुई।

रतनसिंह : अगर होती तो उसे मालूम करने के लिए अब तक तुम ज़िन्दा भी नहीं रहते।

शम्सुद्दीन : आप भी दुनिया का नफ़ा-नुक़सान सोचते रहेंगे तो अवाम की रहबरी कौन करेगा, शरीफ़ शहाबुद्दीन? आप इस हक़ीक़त को नहीं देखते कि दिल्ली के ये बदनसीब अवाम, जो सुलतान के नित नए तजुर्बों से परेशान हैं, सुलतान के ज़ुल्म की वजह से तबाह हो गए हैं। ये दौलताबाद जाने से एकदम लाचार हैं। यह न भूलें कि वो किस क़दर कमज़ोर हैं। आप मौजूदा हालात की संगीनी को कब तक नज़रअन्दाज़ करेंगे? शाहे-सुलतान की ग़ैर-मज़हबी हरकतें और कब तक जारी रहेंगी? कब तक शेख़ इमामुद्दीन जैसे और कितने बेगुनाह शहीद होंगे?

[शहाबुद्दीन ख़ामोश रहता है।]

अमीर 1 : इजाज़त हो तो हम एक तजवीज़ पेश करें! जब से आईन-उल्-मुल्क का बखेड़ा खड़ा हुआ है, तब से दिल्ली में शाही फ़ौज की चहल-पहल कम हो गई है। बाज़ लोगों का अन्दाज़ है कि दिल्ली में फ़िलहाल फ़ौज है ही नहीं, अगर हो भी तो वो बहुत ज़्यादा नहीं है। तमाम फ़ौज अवध में उलझी हुई है। अगर कुछ करना है, तो इन्हीं सात-आठ दिनों में अंजाम देना होगा। तब तक शायद आप भी दिल्ली में ही मौजूद रहेंगे। अगर आप सुलतान की मुख़ालिफ़त करने के लिए राज़ी नहीं हैं तो न सही। मगर कम-से-कम इतनी तो आपसे उम्मीद कर सकते हैं कि अगर हमने मौजूदा हुकूमत के ख़िलाफ़ बग़ावत कर दी, तो आप सुलतान की जानिब से किसी भी हालत में हमारा मुक़ाबला करने की पेशक़दमी नहीं करेंगे।

शहाबुद्दीन : इससे तो यही बेहतर है कि मैं सीधे तौर पर आपकी साज़िश में शरीक हो जाऊँ!

रतनसिंह : तो क्यों नहीं शरीक होते? शेख़ शम्सुद्दीन, शेख़ इमामुद्दीन जैसी पाक हस्तियों के साथ जो बदसलूक़ी हुई है, उससे मुझ जैसे काफ़िर का ख़ून खौल उठा है। और तुम ख़ामोश रहो! तुम कहते हो कि दिल्ली के अवाम बुज़दिल हैं, मगर मैं कहता हूँ कि तुम बुज़दिल हो! सुलतान को क़ातिल क़रार देने की हिम्मत भी तुममें अब नहीं रही। वाक़ई सुलताने-आला की तकदीर क़ाबिले-रश्क है! सुलतान के ज़ुल्मो-ज़्यादती के बावजूद तुम्हारी वफ़ादारी बरक़रार है।...अब क्यों ख़ामोश खड़े हो? चलो, अपने दौलतख़ाने की तरफ़, मेहरबाँ सुलतान के मेहमानख़ाने की तरफ़। वहाँ तुम सही-सलामत रहोगे, इन्साफ़ और बे-इन्साफ़ी का झंझट भी नहीं होगा।

शहाबुद्दीन : *(थोड़ी देर तक ख़ामोश रहकर)* मुझे मंज़ूर है। अपनी ख़ातिर नहीं, बल्कि आप लोगों की ख़ातिर, शेख़ शम्सुद्दीन की ख़ातिर मैं आपका शरीके-हाल हो जाता हूँ।

[सब शुक्रिया अदा करते हैं।]

अमीर 2 : आफ़रीं! आफ़रीं! शरीफ़ शहाबुद्दीन, हमारी तरफ़ से दिल्ली मुबारकबाद क़बूल कीजिएगा।

[शहाबुद्दीन अपने ख़यालों में खोया हुआ है।]

शम्सुद्दीन : शरीफ़ शहाबुद्दीन, आपके मौजूदा एहसान को इस्लाम कभी फ़रामोश नहीं करेगा।

शहाबुद्दीन : आप लोग मुझसे क्या उम्मीद रखते हैं? मैं किस तरह आपके काम में कारामद साबित हो सकूँगा? मेरे वालिद के पास बेशक बहुत बड़ी फ़ौज है, और सुलतान मेरे वालिद से भीतर-ही-भीतर ख़ौफ़ज़दा भी हैं। मगर आप लोग इस मामले को जल्द-से-जल्द

निपटाना चाहते हैं। फ़रमाइए, मेरे लिए क्या हिदायतें हैं? *(रूहानी तकलीफ़ को दबाते हुए)* क्या आप चाहते हैं कि मैं सुलतान को धोखे से क़त्ल करूँ?

रतनसिंह : *(चिढ़ाते हुए),* क्यों, अब तक की बातों से इतना भी नहीं समझ पाए! *(दूसरों की तरफ़ मुड़कर)* शहाबुद्दीन यों नहीं मानेंगे, उनकी चालाकी में भी डंक रहता है। चूँकि उनके वालिद...।

शहाबुद्दीन : रतन...!

रतनसिंह : *(अपनी बात जारी रखता हुआ)* उनके वालिद ने मेरे वालिद के साथ दग़ाबाज़ी या इसी तरह की कुछ जालसाज़ी की थी, और मेरे वालिद के सूबे को हड़प लिया था। तब से उस जुर्म के कफ़्फ़ारे के तौर पर शहाबुद्दीन मेरे साथ बिरादराना सलूक करते रहे हैं। इस वाक़ये के बाद से दग़ाबाज़ी का लफ़्ज भी उन्हें नागवार गुज़रता है। *(शहाबुद्दीन से)* मैंने तुमसे पहले ही कह दिया था, 'शहाबुद्दीन, लफ़्ज दग़ाबाज़ी से ता-ज़िन्दगी ख़ौफ़ खाते फिरोगे?' फिर सुलतान ने ही शेख़ साहब के साथ कौन-सी नेकनीयती बरती थी कि तुम पर दग़ाबाज़ी का ख़ौफ़ इस क़दर हावी हो जाए?

[शहाबुद्दीन अब भी ख़ामोश है।]

: बिला खटके मौक़े के लिहाज़ से कोई उमदा तजवीज़ पेश की जाए।

अमीर 2 : मैं भी कभी कब से मगज़-पच्ची कर रहा हूँ, मगर सिवाय सर-दर्द के कुछ भी हासिल नहीं हुआ है।

रतनसिंह : अपनी तरफ़ से एक तजवीज़ पेश करूँ, बिला-शक कारामद साबित होगी।

शहाबुद्दीन : बताओ।

रतनसिंह : आप सबको मालूम है कि सुलतान नमाज़ के किस क़दर पाबन्द हैं। सख़्त शाही हुक्म है कि हर मुसलमान हर रोज़ पाँच मरतबा नमाज़ पढ़े।

सैयद : सुलतान की यही तो एक सिफ़्त है।

रतनसिंह : हाँ, गुनहगार को अगर सज़ा देनी है तो उसकी सिफ़्त का ही फ़ायदा उठाना चाहिए। शाही हुक्म है कि नमाज़ के वक़्त हर फ़ौजी-सिपाही भी लाज़मी तौर से इबादत करे और इबादत के वक़्त कोई हथियार पास न रखे। इसका मतलब यह है कि हर सिपाही बग़ैर हथियार रहेगा। ख़ुद सुलतान उस वक़्त ग़ैर-मुसल्लह होंगे।

अमीर 2 : *(बड़ी बेसब्री और बेताबी के साथ)* फिर...?

रतनसिंह : आमतौर पर आपके दरबारे-ख़ास की बैठक हफ़्तावार होती है। अगली मरतबा आप लोग अपनी कोशिश से इस बैठक को तब तक जारी रखें जब तक नमाज़ की अज़ान न सुनाई पड़े। सुलतान को नमाज़ पढ़ने के वास्ते मसजिद न जाने दें। शाही महल के बाहर इर्द-गिर्द पहले से ही सौ-दो सौ मुस्तैद सिपाहियों को तैनात किया जाए। ज्यों ही मुअज़्ज़िन की अज़ान सुनाई पड़े, उसी को इशारा तसलीम किया जाए। आपके बाज़ सिपाही, दरवाज़े पर तैनात पहरेदारों पर हमला करके उनका सफ़ाया कर दें और रफ़्ते-रफ़्ते भीतर चले आएँ और आप सब लोग सुलतान की ख़बर लें।

[लम्हे-भर के लिए ख़ामोशी।]

सैयद : *(ख़ौफ़ज़दा आवाज़ में)* लेकिन इबादत जैसे पाक वक़्त पर एक मुसलमान का क़त्ल!

अमीर 1 : वह भी मुसलमान के हाथों?

रतनसिंह : आप ही ने तो फ़रमाया था कि जो शख़्स रिआया पर ज़ोरो-ज़बरदस्ती करता है, वह मुसलमान कहलाने का हक़ नहीं रखता, और क्या आप लोग इस हक़ीक़त को नज़रअन्दाज़ कर देंगे कि इबादत के पाक वक़्त पर ही सुलतान ने अपने वालिद का क़त्ल कराया था।

अमीर 1 : लेकिन...?

रतनसिंह : *(चिढ़कर)* ठीक है, आपका जो जी चाहे, करें। मेरी तजवीज़ में ख़ता होने की गुंजाइश नहीं है और तरकीब भी आसान है। अगर इससे भी बेहतर तरकीब आपके पास हो तो पेश करें।

अमीर 2 : आप बजा फ़रमाते हैं, लेकिन...शाही महल के अन्दर हथियार कैसे ले जाएँगे? दरवाज़े पर ही तहक़ीक़ात की जाती है।

अमीर 1 : हथियार पहुँचाने का जिम्मा मैं लेता हूँ।

अमीर 2 : तब तो कोई फ़िक्र नहीं है। *(फिर जल्दी से)* यही बेहतरीन तरकीब है। ऐसा ही होगा।

[सब लोग कुछ कहना चाहते हैं। शहाबुद्दीन ख़ामोश खड़ा है, उसी वक़्त शम्सुद्दीन खड़े हो जाते हैं।]

शम्सुद्दीन : *(बुलन्द आवाज़ में)* नहीं, हरगिज़ नहीं। यह नामुमकिन है।

[सब लोग चुप हो जाते हैं।]

शहाबुद्दीन : क्यों शेख़े-मोहतरम?

शम्सुद्दीन : इबादत का वक़्त निहायत पाकीज़ा होता है। ऐसे मुक़द्दस मौक़े पर इस तरह की हरकतों की इजाज़त नहीं। आप कोई और तदबीर अख़्तियार कर लें, मगर इबादत के वक़्त को नापाक करना गुनाहे-अज़ीम तस्लीम किया जाएगा।

अमीर 2 : एक मतरबा इबादत का वक़्त नापाक हुआ तो क्या हुआ? उसी रात को दुबारा इबादत करके कफ़्फ़ारा कर लिया जाए।

शम्सुद्दीन : कफ़्फ़ारा इबादत नहीं होता। आप अपने पाक मक़सद को नज़रअन्दाज़ न करें कि सुलतान को क़त्ल करने की तजवीज़ ज़ाती मतलब की ख़ातिर नहीं, बल्कि दीन की ख़ातिर की गई है।

अमीर 1 : दीन को बचाने की ख़ातिर बे-दीनी की इजाज़त क्यों नहीं दी जाती?

शम्सुद्दीन : *(काँपती हुई आवाज़ में)* शरीफ़ शहाबुद्दीन, इन लोगों में आप ही एक अक़्ले-सलीम के मालिक हैं। मुझे यक़ीन है कि आप इस तरह की ग़ैर-मज़हबी हरकतों के लिए कभी राज़ी नहीं होंगे। इनकी कभी इजाज़त नहीं देंगे।

शहाबुद्दीन : *(गोया सब कुछ गँवा चुका हो)* आपका दीनो-मज़हब सिर्फ़ इबादत के वक़्त ही बा-ईमान होता है। लफ़्ज़े-दग़ाबाज़ी से जिसे सख़्त नफ़रत थी, आज उसके मज़बूत फ़ैसले को आपने तोड़ दिया, क़ाबिले-एहतिराम शम्सुद्दीन! सुलतान की तरफ़ मेरी जो वफ़ादारी थी, आज आपकी नसीहतों की बदौलत ख़त्म हो गई। जिस चीज़ की न करने की मैंने क़समें खाई थीं, आज उसी पर मैं आमादा हो गया हूँ। ऐसा मैंने क्यों किया? महज़ आपकी ख़ातिर...! जब इतना बड़ा गुनाह मुझसे सर-ज़द होने को है, तब इबादत के वक़्त को नापाक करने के मामूली जुर्म से क्यों घबराऊँ? *(दूसरों से)* अगर सुलतान का क़त्ल करने की तजवीज़ तयशुदा है, तो रतनसिंह की बताई हुई तरकीब बेहतरीन है। अब महज़ यह तय करना रह गया है कि हम आपस में कौन-कौन-सी जिम्मेदारियाँ सँभालेंगे। *(बहुत दुख-भरी आवाज़ में, भीतरी चोट से तिलमिलाता हुआ)* रतन, ये...ये...सब हमें करना ही होगा!

दृश्य : 6

[शाही महल। नजीब और बरनी बैठे हैं। मुहम्मद परेशानी की हालत में चहल-क़दमी कर रहा है। सन्नाटा छाया हुआ है।]

बरनी : *(गोया ख़ामोश से घबरा गया हो)* हुज़ूर! आप दोनों इस क़दर ख़ामोश क्यों हैं?

नजीब : *(चिड़चिड़ाहट-भरी आवाज़ में)* तो क्या इल्मे-दीन पर तक़रीर की जाए?

मुहम्मद : *(जैसे 'ख़ामोश रहो' कह रहे हों)* नजीब!

[फिर ख़ामोशी। थोड़ी देर के बाद दरबान दाख़िल होता है।]

दरबान : सुलतान का इक़बाल बुलन्द रहे! दरबारे-ख़ास के लिए उमरा ज़ाते-पाक की इजाज़त का इन्तज़ार कर रहे हैं।

मुहम्मद : *(नजीब की तरफ़ देखता हुआ)* हाज़िर हों!

[दरबान जाता है। बरनी, नजीब खड़े हो जाते हैं। शहाबुद्दीन के साथ उमरा दाख़िल होते हैं। रसमी सलाम-आदाब चलते हैं।]

उमरा : अल्लाह सुलतान को सलामत रखे!

[नजीब इस पर मुसकरा देता है।]

मुहम्मद : *(ख़ुशी ज़ाहिर करते हुए)* तशरीफ़ लाइए। तशवीश हो रही थी कि कहीं आप लोगों की आमद में देरी न हो।

अमीर 1 : क्यों, हुज़ूर?

मुहम्मद : आज दरबार की कार्रवाइयाँ जल्द ख़त्म करनी हैं। हमने इमाम को कहला भेजा है कि आज की नमाज़ के लिए हम मसजिद आ रहे हैं। *(उमरा ज़रा चौंक पड़ते हैं, फिर एक-दूसरे को देखते हैं)* आप लोगों को कोई ख़ास सलाह-मशविरा करना है?

शहाबुद्दीन : ऐसा कोई ज़रूरी मसला पेश नहीं है, हुज़ूर!

बाक़ी : हाँ, हुज़ूर!

मुहम्मद : ठीक है! लेकिन हम दो मामलों के मुताल्लिक़ आप लोगों को आगाह करना चाहते हैं। यों तो बहस-मुबाहिसे के मामले ये नहीं हैं, फिर भी आम ऐलान करने से पहले हम चाहते हैं कि आप लोगों को भी मालूम हो जाए कि हमने अब्बासी ग़ियासुद्दीन मुहम्मद को अपने दरबार में आने के लिए दावतनामा भेजा है।

अमीर 1 : ये कौन हज़रत हैं, हुज़ूर?

अमीर 2 : ख़याल नहीं होता, हमने कभी यह नाम सुना हो।

मुहम्मद : इसके लिए शर्मिन्दगी महसूस करने की कोई ज़रूरत नहीं है। अब्बासी ग़ियासुद्दीन कोई मशहूरो-मारूफ़ हस्ती नहीं हैं। वो ख़लीफ़ा-ए-अब्बासी ख़ानदान के नुमाइन्दे हैं। कम-से-कम इस बिना पर वो तमाम मुसलमानों के लिए क़ाबिले-एहतिराम हस्ती हैं।

बरनी : ये तो बड़ी ख़ुशख़बरी है, आलीजाह! ख़लीफ़ा ख़ानदान के मर्दे-मुजाहिद हमारे मुल्क में तशरीफ़ ला रहे हैं!

शहाबुद्दीन : सुलतान की होशियारी क़ाबिले-तारीफ़ है।

मुहम्मद : आपके लफ़्ज़ हमेशा गहरी चोट करते हैं। ख़लीफ़ा ख़ानदान की एक हस्ती को अगर हमने दावतनामा भेजा है तो तुम्हें उसमें हमारी मज़हबीयत, अक़ीदत या ईमान नज़र आना चाहिए था। इसमें तुम्हें हमारी होशियारी कैसे नज़र आ गई? अगर तुम यह सोचते हो कि हमने महज़ नाख़ुश इमामों को ख़ुश करने के लिए वह दावतनामा भेजा है, तो यह तुम्हारा ग़लत ख़याल है।

शहाबुद्दीन : मेरा मंशा यह नहीं था...।

मुहम्मद : जब से शेख़ इमामुद्दीन का इन्तक़ाल हुआ है, उसी रोज़ से एक सवाल ने मुसलसल मुझे परेशान कर रक्खा है। हम सुलतान हैं। शाही लिबास पहनते हैं। ऐलानिया अपने को सुलतान भी क़रार दिया है। लेकिन क्या महज़ इस ज़ाहिरदारी से हम सुलतान कहलाने के हक़दार हो जाते हैं?

[सब ताज्जुब करते हैं।]

: हम सुलतान के फ़रज़ंद है, क्या इसीलिए हम सुलतान कहलाएँ? रिआया, सिपाही सब लोग हमारे हुक्म की तामील करते हैं, महज़ इसी बूते पर हम अपने को सुलतान समझ लें? महज़ ख़ुद-इत्मीनानी हमको सुलतान साबित कर सकती है? मेरे मोतबिर अमीरो, आप ही फ़रमाएँ, मुझे क्या करना है! आपकी नज़र से मैं सुलतान कब से बनूँगा, कैसे बनूँगा, कोई रविश बताएँ...।

[सब ख़ामोश हैं।]

नजीब : *(भौं चढ़ाकर)* हुज़ूर...!

मुहम्मद : आप सब ख़ामोश हैं। कोई जवाब नहीं देता। बाक़ी तमाम लोग मुझे इस बात की नसीहत देते हैं कि मुझे क्या नहीं करना है, कोई यह हिदायत नहीं देता कि मुझे क्या करना है! अब जब तक मेरे सवाल का जवाब नहीं मिलेगा तब तक हमें तख़्ते-शाही को सँभालना ही होगा। शहाबुद्दीन, मगर इतने-भर से हमें तसल्ली नहीं होती। इसी वास्ते हमने दीन की ओर रुख़ किया है। ख़लीफ़ा की ख़ाके-पा की बदौलत शायद हमें वह सुकून हासिल हो जिसकी हमें अरसे से तलाश है।

[सुलतान की बातों से शहाबुद्दीन के चेहरे पर कभी ताज्जुब और कभी इज़्ज़त के भाव उभरने लगते हैं।]

अमीर 2 : बहरहाल, ऐसे पाकीज़ा गौहर की आमद से दिल्ली की ख़ाक पाक हो जाएगी, हुज़ूर!

मुहम्मद : आपके ये बुलन्द ख़याल सुनकर दिल भर आता है, मगर दिल भर आने से पहले ही इस बात से आपको आगाह कर दूँ कि ख़लीफ़ा के नुमाइन्दे दिल्ली तशरीफ़ नहीं फ़रमाएँगे, तो तशरीफ़ लाएँगे दौलताबाद में।

शहाबुद्दीन : आलीजाह, मेरी एक दरख़्वास्त है! दारुल-सल्तनत के तबादले की तजवीज़ को आप तर्क कर दें। दिल्ली के अवाम में इससे बड़ी बेचैनी पैदा हो रही है।

मुहम्मद : लेकिन हम क्या करते, शहाबुद्दीन? मैंने तमाम दलीलें पेश कर दी हैं। कितना समझाया है कि जब तक हम दिल्ली में रहेंगे, तब तक सल्तनत को ख़तरा रहेगा। अगर दारुल-सल्तनत मुल्क के मरकज़ में हो तो हुकूमत की कार्रवाइयाँ बड़ी आसानी से अंजाम दी जा सकेंगी। लेकिन जिनकी ज़ेहनीयत पर ज़ंग लग चुका हो, उनको इल्म की रोशनी दिखाना बे-फ़ायदा है! ख़ैर, अब वो मसला ना-क़ाबिले बहस है। अब हमने इससे भी ज़्यादा इन्क़लाबी क़दम अख़्तियार करने की तजवीज़ की है। और इस मसले पर हम आप लोगों से भी राय तलब करेंगे। *(दूसरों को कुछ कहने का मौक़ा न देकर)* आइन्दा हमारी सल्तनत में चाँदी के सिक्कों के साथ-साथ ताँबे के सिक्के भी जारी होंगे।

अमीर 1 : ताँबे के सिक्के, हुज़ूर! वह किस काम आएँगे?

मुहम्मद : जिस तरह चाँदी के सिक्के काम आते हैं। एक ताँबे का सिक्का एक चाँदी के सिक्के के बराबर होगा।

शहाबुद्दीन : पर ताँबे की क़ीमत चाँदी की बराबरी कैसे करेगी, हुज़ूर?

मुहम्मद : हमें यहाँ ताँबे-चाँदी की क़ीमतों पर बहस नहीं करनी है। हमारे सामने सिर्फ़ सिक्कों का मसला है। सिक्का महज़ क़ीमत का पैमाना है जिसकी कोई ज़ाती क़ीमत

नहीं होती। क़ीमत होती है शाही क़ानून की और शाही मोहर की। चाहे ताँबा हो चाहे चाँदी, उसकी क़ीमत उसके अदा करनेवाले पर मुनहसिर होती है। और ये बात महज़ क़ीमत की नहीं, बल्कि अक़ीदत की है। लोग जब पत्थर के टुकड़े को भी अक़ीदत की नज़र से देखते हैं, तो उसे ख़ुदा तक तसलीम करने को तैयार होते हैं, उसके लिए शानदार इबादतगाह बनाते हैं और ख़ुद पथरीली-बंजर ज़मीन पर सो जाते हैं। आप लोगों ने ग़ौर नहीं फ़रमाया था कि...।

अमीर 1 : *(दूसरे के कान में)* मैंने कहा नहीं था कि सुलतान यक़ीनन ख़ब्ती हो गए हैं!

मुहम्मद : कानाफूसी किस बात पर हो रही थी, अमीर।

अमीर 1 : कुछ नहीं, आलीजाह! मैंने अर्ज़ किया कि ये बात बड़ी मुश्किल से लोगों के पल्ले पड़ेगी...।

मुहम्मद : अगर इतनी-सी बात थी तो साफ़ क्यों नहीं बताते? *(अमीर 1 ख़ामोश रहा)* लोगों को यक़ीन नहीं होगा, वे नहीं मानेंगे तो क्या आप लोग भी मेरा यक़ीन नहीं करते? आप चाहे मुझे अहमक़ करार दें, मेरी शदीद नुक़ताचीनी करें, लेकिन मुझे ना-क़ाबिले एतिबार न समझें। मैं शाही हुक्म के ज़रिए लोगों की वफ़ादारी हासिल कर सकता हूँ, मगर यक़ीन को कैसे हासिल करूँ? तरीक़ा है, सबके आगे हाथ फैलाकर भीख माँगूँ। *(आजिज़ी के साथ)* मुस्तक़बिल के मुताल्लिक़ मैंने अपने ख़्वाबों में एक नई दुनिया का तसव्वुर किया है जिसको हक़ीक़त में तबदील करना है। उसके लिए मैं आप लोगों की मदद चाहता हूँ। आपका एतिबार चाहता हूँ। अगर मेरी कारगुज़ारियाँ आप नहीं समझ पाते, तो मुझसे दरियाफ़्त कीजिएगा। मेरी बातों का मतलब नहीं समझ पाते, तो ज़रा सब्र कीजिएगा। मैं आप लोगों के आगे दो-ज़ानू होकर हाथ फैलाए इल्तिजा करता हूँ, मेरा साथ न छोड़िएगा।

[दो-ज़ानू होकर बैठ जाता है।]

शहाबुद्दीन : *(कुछ कह नहीं पाता)* हुज़ूर, आपकी ख़ातिर हम सब कुछ करने को तैयार हैं। आप हमें हुक्म दें, यों इल्तिजा न करें।

मुहम्मद : क्या यह सच है? आप सब यही कहते हैं?

बाक़ी : हाँ, हुज़ूर, हम सबका यही कहना है।

मुहम्मद : मैं यह सच मान लूँ तो आपको इस बात पर एतराज़ नहीं होना चाहिए कि क़ुराने-पाक छूकर क़सम खाएँ कि ताज़िन्दगी मुझे आपकी मदद हासिल होती रहेगी।

[दमघोट ख़ामोशी। मुहम्मद उठता है, तख़्त के पास जाता है, फिर क़ुराने-पाक को हाथ से उठाकर सवालिया नज़र से सबको देखता है।]

शहाबुद्दीन : आलीजाह, हम भी आपके लिए क्या इस क़दर नाक़ाबिले-एतिबार हैं कि जब तक हम क़ुराने-पाक की क़सम नहीं खाएँगे तब तक हमारे वादे की सचाई का आपको यक़ीन नहीं होगा?

[मुहम्मद आँखें तरेरकर उसकी ओर देखता है, फिर सहसा उसके चेहरे की शिकनें नई सूरत अख़्तियार कर लेती हैं। चुपचाप क़ुराने-पाक को लेकर तख़्त के पास जाता है और उस पर रख देता है। उसी वक़्त एक सिपाही दाख़िल होता है।]

सिपाही : सुलतान सलामत रहें! नमाज़ का वक़्त हो गया।

[सब तन जाते हैं।]

मुहम्मद : *(धीरे से)* हम लोग यहीं नमाज़ पढ़ेंगे।

सिपाही : जो हुक्म!

[भीतर से मुअज़्ज़िन की आवाज़ सुनाई पड़ती है।]

आवाज़ : अल्लाहो अकबर! अल्लाहो अकबर!
अल्लाहो अकबर! अल्लाहो अकबर!
अशहदो ला इलाहा इल्लिल्लाह।
अशहदो ला इलाहा इल्लिल्लाह।

अशहदो अन्न मोहम्मदिन रिसूलल्लाह।
अशहदो अन्न मोहम्मदिन रिसूलल्लाह।
हैया इलस्सतात्! हैया इलस्सतात्!
हैया इलल् फ़लाह! हैया इलल् फ़लाह!
अल्लाहो अकबर! अल्लाहो अकबर!
ला इल्लाह इल्लिल्लाह...।

[मुअज़्ज़िन की अज़ान ज्यों ही शुरू होती है, मुहम्मद अपनी तलवार खोलकर तख़्त पर रख देता है। सिपाही किनारे जाकर इशारा करता है। फ़ौरन तीन-चार चाकर पानी के बरतन सबके आगे पेश करते हैं। सब रस्मी तौर पर वुज़ करने लगते हैं। उसी दौरान बाहर से शोरगुल, फिर मारकाट की आवाज़ें सुनाई पड़ती हैं। फ़ौरन शहाबुद्दीन और अमीर लोग उठते हैं, अपने-अपने लिबास के भीतर छुपाए हुए हथियार बाहर निकाल लेते हैं।]

बरनी : *(घबराकर उठता है)* या अल्लाह, यह क्या हो रहा है?

[अमीर लोग, बरनी और नजीब को धकेलते हुए तख़्त की ओर बढ़ते हैं। उसी वक़्त तख़्त के पीछे से परदा सरकाकर पन्द्रह-बीस हिन्दू सिपाही हाथ में भाले लिये दाख़िल होते हैं। अमीर लोग घिर जाते हैं, जिनमें से दो-एक भागने की कोशिश करते हैं। तब तक और भी सिपाही दाख़िल होते हैं। अमीर लोग खड़े हो जाते हैं। ज्यों-ज्यों सिपाही भाला थामे नजदीक आते हैं, अमीर अपनी कटारों को नीचे फेंक देते हैं। सिपाही उन्हें पकड़कर बाहर ले जाते हैं। शहाबुद्दीन को नहीं हटाते, उसके हाथ से हथियार छीनकर उसके बाजुओं को थामे वहीं खड़े हो जाते हैं। मुहम्मद की नमाज़ इस सारे हंगामे के दौरान जारी रहती है। आख़िर नमाज़

ख़त्म होती है, मुहम्मद सीढ़ियाँ उतरकर शहाबुद्दीन की तरफ़ बढ़ता है। थोड़ी देर तक कोई कुछ नहीं कहता।]

शहाबुद्दीन : तुम्हें कैसे पता लगा?

मुहम्मद : हक़ीक़त सुनोगे?

शहाबुद्दीन : *(व्यंग्य से)* क्या तुम्हें ख़ौफ़ लगता है कि सुनाने पर मुझे सदमा पहुँचेगा?

मुहम्मद : आज शाही महल के चिट्ठी-रसाँ ने एक अजीब ख़त हमारे हवाले किया था। बाक़ी ख़तों में हमारे लिए एक महज़ गाली-गलौज ही लिखा गया था, मगर एक ख़त में आप लोगों की आज की इस साज़िश की तफ़सील दर्ज थी। यों तो हम कोई ख़त नहीं पढ़ते। मगर यह ख़त एक और ही बात के लिए इतना अहम था, क्योंकि यह गुमनाम नहीं था। लिखने वाले का नाम ख़त में नीचे साफ़ दर्ज था—रतनसिंह।

शहाबुद्दीन : *(हँसकर)* मुहम्मद, तुम्हारे दिमाग़ को कोई नई तदबीर हाथ नहीं लगी! चाहो तो बरनी से दरियाफ़्त कर लो, तवारीख़ में ऐसी घिसी-पिटी हरकतें हज़ारों सुलतानों ने हज़ारों मरतबा की होंगी। रतनसिंह की फ़ितरत से मैं तुमसे ज़्यादा वाक़िफ़ हूँ। यह मत समझो कि मैं तुम्हारे ख़याली किस्से पर यक़ीन करूँगा।

मुहम्मद : मौत के मुंतज़िर को झूठा क़िस्सा सुनाने की क्या ज़रूरत पड़ी है?

[शहाबुद्दीन के चेहरे पर से हँसी ग़ायब हो जाती है। मुहम्मद कमीज़ के भीतरी हिस्से से एक ख़त निकालकर उसकी आँखों के आगे कर देता है, जिसे देखकर शहाबुद्दीन एकदम पस्त हो जाता है।]

शहाबुद्दीन : *(भर्राई आवाज़ में)* ये भी दर्ज किया है कि उसने ऐसा क्यों किया?

मुहम्मद : नहीं।

नजीब : *(चिढ़ाने के लहजे में)* वजहों की क्या कमी है? उसने शायद इसलिए ऐसा किया होगा कि शहाबुद्दीन के वालिद ने उसके वालिद को क़त्ल करा दिया था! या इसी बात पर बरहम होकर उसने यइ इन्तिक़ाम लिया होगा कि शहाबुद्दीन ने उसके साथ बिरादराना सलूक़ करके उसके भीतरी दुश्मनी के जज़्बे को बेकार बनाने की कोशिश की है।

मुहम्मद : हमने उसके लिए अपने सिपाहियों को भिजवाया था, मगर वह फ़रार हो चुका है। *(ज़रा रुककर)* अब हम एक सवाल पूछ सकते हैं? आख़िर...आख़िर तुम भी क्यों मेरे ख़िलाफ़ बाग़ी हो गए? मैंने क्या गुनाह किया था?

शहाबुद्दीन : 'क्यों' का कोई जवाब नहीं। अगर मैं बताऊँगा भी तो उसे समझ नहीं सकते।

मुहम्मद : *(रुक-रुककर)* मैं समझ नहीं सकता या तुम समझा नहीं सकते?

शहाबुद्दीन : *(झुँझलाहट बढ़ती है)* क्यों बे-मतलब बातें बना रहे हो, मुहम्मद? मुझे ख़त्म करने के लिए तुम्हारे हाथ नहीं उठते? सुनो मुहम्मद, तुम मुझे ज़िन्दा नहीं छोड़ सकते। मैं कोई आईन-उल्-मुल्क नहीं हूँ कि ता-ज़िन्दगी सर झुकाए तुम्हारे रहमो-करम पर पड़ा रहूँ।

[मुहम्मद धीरे-धीरे म्यान से कटार निकालता है।]

: *(घबराहट से जूझता हुआ)* तलवार के एक ही वार से तमाम सवालों का हल निकालने की आदत जो ठहरी, लेकिन इस बग़ावत की आग को तुम अब दबा नहीं सकते। मेरे वालिद को पहले ही तुम पर एतिबार नहीं था। अब तो मैंने सारा हाल मुफ़स्सिल बता दिया है।

नजीब : *(चिढ़ाने के लहजे में)* बेकार ज़हमत उठाई। तुमने अपने वालिद को जो भी ख़त लिखे थे, सबको रतनसिंह ने शाह सुलतान के पास पहुँचा दिया है।

शहाबुद्दीन : *(चीख़ता हुआ)* मगर तुम्हारा सुलतान मेरी मौत को कैसे दबा सकेगा? मेरी रूह की आवाज़ को कोई क़त्ल नहीं कर सकता। यह आग अब भड़ककर रहेगी। तुम चाहे मुझे क़त्ल कर दो, लेकिन तुम्हारी तबाही भी लाज़मी है।

मुहम्मद : *(धीमी आवाज़ में)* एक लफ़्ज से तेरा क़िस्सा पाक किया जा सकता है, लेकिन...।

[काँप जाता है। मौत के मुताल्लिक़ सोचने से बचने के लिए ज़ोर-ज़ोर से बोलता जाता है। कटार भोंकता है। पहली ही चोट से शहाबुद्दीन बेजान हो जाता है। इसे जानते हुए भी मुहम्मद लगातार कटार से चोट करता ही जाता है। चेहरे पर, सीने पर, हाथों पर, पाँवों पर...चोटों का सिलसिला जारी रखता है। शहाबुद्दीन की लाश ख़ून से लथपथ हो जाती है। उसको थामे हुए सिपाही भी ताब न ला सकने की वजह से मुँह फेर लेते हैं।]

बरनी : *(इस क्रूरता को न सह सकने की स्थिति में)* सुलतान! वो मर चुका है।

[मुहम्मद बेदार-सा होकर पीछे हटता है, फिर एकाएक नफ़रत से भरकर हथियार फेंक देता है।]

मुहम्मद : *(शदीद ग़मगीन होकर)* ऐसा क्यों होता है, बरनी? जिन पर हम यक़ीन करते हैं, आख़िर वे ही लोग बाग़ी क्यों हो जाते हैं? तवारीख़ की यह कैसी उलझी हुई पहेली है? बरनी, क्या हमारी हुकूमत का यही अंजाम होगा कि वो रात की तारीकी को चीरकर खो जानेवाली ख़ौफ़ज़दा चीख़ बनकर रह जाए?

[उसके हाथ काँपने लगते हैं। नजीब सिपाहियों को इशारा करता है, जो शहाबुद्दीन की लाश

को चटाई पर लिटाकर चले जाते हैं। मुहम्मद शहाबुद्दीन की लाश पर नज़र गड़ाए खड़ा रहता है।]

मुहम्मद : नजीब, इस साज़िश में शरीक तमाम लोग सूली पर चढ़ा दिए जाएँ। कल सुबह तक उनकी लाशों में भुस भरकर उन्हें शाही महल के आगे लटका दिया जाए और आठ दिनों तक वह इसी तरह टँगी रहें। उसके बाद शहर के शाही रास्तों के बीच उन लाशों की नुमाइश की जाए। अवाम को यह अच्छी तरह मालूम हो जाए कि बाग़ियों की क्या सज़ा होती है! इस बग़ावत से तआल्लुक़ रखनेवाले हर शख़्स को मौत के घाट उतार दो। शेख़ शम्सुद्दीन को भी माफ़ न किया जाए।

बरनी : इससे क्या फ़ायदा होगा, हुज़ूर? क्या हासिल होगा?

नजीब : पहली मरतबा बरनी ने कोई समझदारी की बात कही है, हुज़ूर! शहाबुद्दीन के वालिद को हम नज़रअन्दाज़ नहीं कर सकते। आख़िर उसके साथ किस तरह का सुलूक होगा? अगर वो हमारे ख़िलाफ़ हो गया तो बाक़ी सरदार भी उसके साथ हो जाएँगे।

मुहम्मद : शहाबुद्दीन के वालिद को कुछ बताने की ज़रूरत नहीं है, नजीब! कल ही शहर-भर में मुनादी करवा दो कि शाही महल में एक नाकाम दंगा हुआ, जिसमें बाज़ अमीरों ने इबादत करते हुए सुलतान को क़त्ल करने की कोशिश की। लेकिन वफ़ादार शहाबुद्दीन ने अपनी जान पर खेलकर सुलतान की जान बचा ली और सुलतान की सलामती की ख़ातिर अपनी ज़िन्दगी क़ुरबान कर दी। फिर शहाबुद्दीन के वालिद को हमारी तरफ़ से शाही दावतनामा भिजवा दो कि वो अपने दिलेर फ़रज़ंद शहाबुद्दीन के जनाज़े में शरीक होने के लिए दिल्ली तशरीफ़ लाएँ। शाही रस्म के साथ मरहूम को दफ़न किया जाएगा। इस मौक़े पर वो ज़रूर हाज़िर हों, और नजीब, उनके आने पर दिल्ली में उनका बड़ा

शानदार इस्तिक़बाल हो, उनके बेटे का जनाज़ा बड़ी धूमधाम से उठे। रिआया को यक़ीन हो जाए कि मेरी जान बचाने की कोशिश में ही शहाबुद्दीन का इन्तिक़ाल हुआ है।

बरनी : मरे हुए लोग भी आपकी सियासी शतरंज के कार-आमद मोहरे बन जाते हैं, सुलतान!

नजीब : आलीजाह, यहाँ के वाक़यात को पोशीदा रखने के वास्ते यह ज़रूरी है कि यहाँ पर तैनात हर सिपाही का मुँह बन्द किया जाए। उस सूरत में शायद लाशों का अम्बार लग जाए। लेकिन आप बेफ़िक्र रहें। हमारे पास न सूलियों की कमी है, न जगह की। सिर्फ़ आपके हुक्म की देर है...।

मुहम्मद : और भी दो काम अंजाम देने हैं, नजीब! फ़ौरन ऐलान कर दो कि दिल्ली की रिआया दौलताबाद जाने के लिए तैयार हो जाए। एक महीने के अन्दर-अन्दर तमाम दिल्ली ख़ाली हो जाए। कोई भी शख़्स यहाँ पीछे न रह जाए। अब कोई भी यहाँ हमारे रहमोकरम से फ़ैज़याब नहीं होगा। ऐलान कर दो कि दिल्ली के किसी भी घर की खिड़की से रोशनी नज़र न आए। किसी भी घर की चिमनी से धुआँ न निकले। ये दिल्ली वीरान हो जाए, तभी मुझे तसल्ली होगी...।

बरनी : या ख़ुदा, अहले-दुनिया को सलामत रख!

मुहम्मद : ख़ुदा की इबादत अभी कर लो, बरनी! फिर मौक़ा नहीं मिलेगा।

[बरनी चौंककर देखता है।]

: बड़ी-बड़ी उम्मीदें बाँधी थीं कि तख़्तनशीन होंगे तो मिसाली हुकूमत क़ायम करेंगे। चाहते थे, हमारी सल्तनत में हर काम एक इबादत होगा, हर इबादत इल्म की एक सीढ़ी होगी और हर सीढ़ी ख़ुदा को पाने का ज़रिया होगी...लेकिन यहाँ इबादत में भी सियासत की बू आती है, बरनी! *(जैसे जज़्बात की गिरफ़्त में*

मसला गया हो) अब इस नापाक इबादत को ही जिला-वतन कर दूँगा। *(ज़रा रुककर, फिर सख़्त आवाज़ में)* नजीब, अब से हमारी सल्तनत में इबादत बन्द हो जाए। ऐलान कर दो कि आज से इबादत करने की सज़ा मौत होगी। इबादत की क़ाबिलियत हम खो चुके हैं। सबको ख़बरदार करो कि आइन्दा इबादत की घड़ी मुल्क की शाह-राहों में ख़ामोशी ओढ़े आए और बग़ैर अपना निशान छोड़े चली जाए।

नजीब : लेकिन ख़ुदावन्द, अगर हमेशा के लिए इबादत की मनाही कर दी गई तो मुल्क के सैयदों और इमामों को बग़ावत करने का एक बहाना मिल जाएगा। इसके बदले में ऐलान करा दूँगा कि जब तक हमारी सल्तनत में ख़ुश-क़दम ख़लीफ़ा ग़ियासुद्दीन अब्बासी की मुबारक आमद नहीं होती, तब तक इबादत नहीं होगी। इबादत के पाक वक़्त को जो नापाक किया गया है, उसका कफ़्फ़ारा इसी तरह चुकाया जाएगा। *(हँसकर)* अब कौन जानता है कि मुअज़्ज़म ग़ियासुद्दीन कब तशरीफ़ लाएँगे! पता नहीं, उनको यहाँ पहुँचते-पहुँचते कितने दिन गुज़र जाएँगे और इससे एक अजीबोग़रीब वाक़या पेश होगा।

[मुहम्मद जवाब नहीं देता। नजीब बन्दगी करने के बाद चला जाता है। बरनी सुबकने लगता है। मुहम्मद शहाबुद्दीन की लाश पर नज़र गड़ाए खड़ा रहता है। बरनी उठता है, तख़्त पर रखे क़ुरान-शरीफ़ पर डाले गए रेशमी कपड़े को उठाता है और इससे शहाबुद्दीन की लाश को ढँक देता है, लेकिन मुहम्मद उसे हटा फेंकता है।]

मुहम्मद : नहीं बरनी, लाश खुली रहे, जख़्मों से गुलनार यह हसीन जिस्म सबको देखने दो।

ढिंढोरची 1 : सुनो, सुनो, दिल्ली के बाशिन्दो...! सुनो...! ख़ुदावन्द शाहेशाहान बड़े अफ़सोस के साथ ऐलान करते हैं कि कल शाम को शाही महल में बग़ावत हो गई। बाज़ बे-दीन, बेईमान अमीरों ने इबादत के वक़्त मेहरबान सुलतान को क़त्ल करने की कोशिश की, लेकिन सम्पन शहर के जाँबाज़ शहाबुद्दीन ने अपनी जान पर खेलकर सुलतान की जान बचा ली। इस पर बदनीयत अमीरों ने वफ़ादार शहाबुद्दीन को धोखे से मार डाला। अमीरों की बग़ावत तो नाकाम हो गई...मगर वफ़ादार और बे-नज़ीर शहाबुद्दीन की मौत से हक़-पसन्द सुलतान और उनकी रिआया निहायत ग़मगीन हैं। कल सुबह के वक़्त शहाबुद्दीन को शाही एहतमाम के साथ दफ़न किया जाएगा। ऐसे मौक़े पर शाहे-सुलतान उम्मीद करते हैं कि दिल्ली का हर ख़ासो-आम वहाँ मौजूद होगा और मरहूम की जानिब अक़ीदतमंदी का इज़हार करेगा।

इसके साथ ही सुलतान ने ऐलान किया कि जाँबाज़ शहाबुद्दीन को दफ़न करते वक़्त जो इबादत होगी, वह हमारी सल्तनत में होनेवाली आख़िरी इबादत मानी जाएगी। सुलतान फ़रमाते हैं कि इबादत के वक़्त को नापाक करने की वजह से हमारी सल्तनत को बद्दुआ लग गई है! अब जब तक इस बद्-दुआ का असर हम पर रहेगा तब तक इबादत करना जुर्म माना जाएगा। जब तक क़ाबिले-एहतिराम ख़लीफ़ा ख़ानदान के नुमाइन्दा हमारे मुल्क में आकर हमें बद्दुआ के असर से निजात नहीं दिलाएँगे तब तक हम ख़ुदा का रहमोकरम हासिल करने के लायक़ नहीं हैं। इस

दरमियान जो भी इबादत करेगा, उसे सज़ाए-मौत दी जाएगी। सुनो! सुनो...!

ढिंढोरची 2 : सुनो...सुनो...दिल्ली के बाशिन्दो! सुनो! ख़ुदावन्द शाहेशाहान का फ़रमान सुनो!

दिल्ली का हर बाशिन्दा अभी से दौलताबाद जाने के लिए तैयार हो जाए। एक महीने की मोहलत दी जाएगी, उसके बाद दिल्ली में एक भी इन्सान नज़र नहीं आएगा। जो शख़्स यहीं रहने या दौलताबाद की बजाय दूसरे सूबे में जाने की कोशिश करेगा, उसे सख़्त-से-सख़्त सज़ा दी जाएगी। दौलताबाद जानेवालों को रास्ते-भर हर सहूलियत मुहैया की जाएगी। रास्ते में जगह-जगह पर दवाख़ाने खोले जाएँगे। खाने-ठहरने के वास्ते सराय होंगी, पहनने के लिए कपड़े दिए जाएँगे। अब इतनी सहूलियतें मिलने के बाद भी अगर उनका सही फ़ायदा नहीं उठाया गया तो इसे सुलतान की तौहीन माना जाएगा। ऐसे लोगों को अगर सज़ा दी गई तो ग़ैर-मुनासिब नहीं होगी। इसलिए हक़-पसन्द सुलतान रिआया से दरख़्वास्त करते हैं कि कोई भी शख़्स ना-फ़रमानी की जुर्रत न करे और महीने के अन्दर-अन्दर दौलताबाद पहुँचने की कोशिश करे।

सुनो...! सुनो...!

दृश्य : 7

[दिल्ली से दौलताबाद जाने का रास्ता। आज़म और अज़ीज़ एक ख़ेमे के सामने बैठे हैं। अज़ीज़ अब भी बिरहमन की सूरत बनाए हुए है। एक औरत अज़ीज़ के पाँव पकड़े रो रही है।]

हिन्दू औरत : अल्लाह तुम्हें बरकत दे, मुझ पर ज़रा तो रहम करो! मुझे लम्हे-भर के लिए जाने दो! बच्चा मरा जा रहा है। सिर्फ़ आज के लिए इजाज़त दे दो!

अज़ीज़ : क्या किया जाए? हम भी मजबूर हैं। सुलतान का हुक्म है कि दौलताबाद पहुँचने तक किसी को इधर-उधर मत जाने दो। अब तुम चाहती हो कि हम ना-फ़रमानी करें?

हिन्दू औरत : वादा करती हूँ, कल ही मैं वापस आ जाऊँगी। मेरी क़सम ले लो, बच्चे की क़सम ले लो। मुझे जाने दो वरना बच्चा मर जाएगा! तुम मालिक हो...एक दिन की इजाज़त दे दो। बच्चे को जल्द-से-जल्द औलिए को दिखा लाऊँगी।

अज़ीज़ : बेकार परेशान कर रही हो! औरत, अगर तेरा बच्चा मर रहा है, तो हम क्या कर सकते हैं? उस ख़ेमे में जाओ, हकीम बैठे हैं, जो भी ज़रूरी है दवा-दारू करेंगे। मगर तुम नहीं मानतीं और अपनी रट लगाए बैठी हो। अब हम क्या कर सकते हैं? *(आवाज़ को दबाकर)* सुना नहीं, हमारे जो बड़े कारिन्दा हैं, उनको दो-तीन अशर्फ़ियाँ चढ़ा दे तो सब काम बन जाएँगे।

हिन्दू औरत : लेकिन मैं अशर्फ़ी कहाँ से लाऊँ, सरकार? जो चार पैसे पास हैं, अगर उन्हें दे दिया तो औलिया को कहाँ से दूँगी? अपना गुज़ारा कैसे करें? इधर मेरा आदमी भी बीमार पड़ा है।

अज़ीज़ : तो फिर कुछ नहीं हो सकता...हरगिज़ नहीं हो सकता। अब बस, अब चली जाओ, हमारे बहुत काम पड़े हैं। ये चीख़-पुकार अपने ख़ेमे में जारी रख।

[औरत सुबकती चली जाती है।]

आज़म : बेचारी! अरे यार, इस क़दर संग-दिल हो! जाने क्यों नहीं देते? बेचारी रो-रोके कह रही है कि बच्चा मरा जा रहा है। शायद औलिया कुछ कर दे।

अज़ीज़ : तुमने देखा है, बच्चे को? मैं बच्चे की बीमारी से वाक़िफ़ हूँ। मेरा छोटा भाई ऐसी ही बीमारी का शिकार था। लाख कोशिश करो, कोई फ़र्क़ नहीं पड़ता। अब हरामज़ादा औलिया सेंत-मेंत करके पैसा अपनी अन्टी में भर लेगा। बच्चा तो बचेगा नहीं। तब औलिया को क्यों मिले पैसा? हम ही क्यों न लें? अगर हम नहीं लेते तो पैसा औरत के पास ही रहने दो।

आज़म : तुम भी हद करते हो। ज़रा-से दो पैसे के पीछे पड़े हो...।

अज़ीज़ : कान खोलकर सुनो, आज़म! चार-पाँच रोज़ में तुम्हें पता लग जाएगा कि एक-एक पैसे की क्या क़ीमत है!

[ग़लीज़ कपड़ों में उतरती उम्र का एक शख़्स अपनी औरत और आठ-बच्चों के साथ दाख़िल होता है, जिन्हें देखते ही अज़ीज़ अपने सामने की फ़ेहरिस्त पर सिर झुका लेता है।]

अज़ीज़ : अभी कौन-कौन बाक़ी है...और तीन घर...पता नहीं, ये कब मरेंगे! *(सिर उठाकर उस शख़्स की तरफ़ घूरकर देखने लगता है)*...ओह, आख़िर आ गए! जानते हो, कितनी देर हुई? तुम्हें पता नहीं था कि शाम होने से पहले इस मुक़ाम पर पहुँचना है?

शख़्स : अब मैं क्या करता हुज़ूर, आधे रास्ते में दो लाशें मिलीं। बेचारे चलते-चलते मर गए होंगे। उन्हें दफ़ना के आ गया।

आज़म : न जाने किसकी लाशें थीं...मुसीबतज़दों की...!

अज़ीज़ : दफन करने से पहले देखा भी था या नहीं कि लाश हिन्दू की थी या मुसलमान की?

शख़्स : अब देखने की फ़ुरसत किसे थी हुज़ूर! जो हो सका, सो किया।

अज़ीज़ : यानी तू हमें मुसीबत में फँसा देगा। अगर वो लाशें हिन्दू की साबित हुईं तो...क्या तुझे शाही हुक्म का पता नहीं कि हिन्दू-मज़हब के साथ कोई बेइन्साफ़ी नहीं होनी चाहिए?

शख़्स : पता नहीं था, हुज़ूर! ग़लती हो गई। मुझे ख़याल ही नहीं आया। मैंने सोचा कि दिल्ली में रहते जो गुनाह किए थे, उनका बोझ कुछ तो हलका हो जाए।

अज़ीज़ : दिल्ली में क्या करते थे?

शख : कुफ्र का धन्धा, हुज़ूर! सुलतान के हुक्म से जिनको सूली पर चढ़ा दिया जाता था, उनकी लाशों को शाही महल क फाटक पर लटका दिया जाता था। मैं उनकी चौकसी करता था, हुज़ूर! जब नई लाशें आतीं, तो पुरानी लाशों को वहाँ से हटाकर शहर के बाहर नहर में फेंक आता था। वहाँ भी इन लाशों की रखवाली करनी पड़ती थी मालिक, नहीं तो मरनेवालों के रिश्तेदार आते, लाशें चुरा ले जाते।

आज़म : *(मुँह बनाते हुए)* लाशें चुराना...छी...!

शख़्स : आप नहीं जानते, हुज़ूर! सुलतान का हुक्म है कि बग़ैर रक़म लिये किसी को लाश न दी जाए। अगर सबके हुक्म की तामील करते तो हम भी मकान बनवाते और मज़े से रहते। मगर ये रिश्तेदार बड़े कंजूस होते हैं, हुज़ूर! रक़म देते उनकी नानी मर जाती है। इसलिए अँधेरी रात में लाशें चुराते हैं। बड़े-बड़े पैसे वालों का भी यही हाल है, हुज़ूर! धत्! ये इन्सान एक मरतबा

अगर चोरी शुरू कर दे तो फिर किसी का लिहाज़ नहीं करता है, हुज़ूर! तभी तो बुज़ुर्ग लोग कहते हैं कि चोरी और सीना-ज़ोरी हमसाया हैं।

[अज़ीज़ आज़म की तरफ़ देखकर मुस्कराता है। आज़म नाक-भौं सिकोड़ता है।]

अज़ीज़ : ख़ैर, तेरे आठों बच्चे सलामत हैं कि नहीं?

शख़्स : हैं, हुज़ूर!

अज़ीज़ : तो चलो अपने ख़ेमे में और कोई चाहे जिए या मरे, तुम जैसे को नहीं मरना चाहिए। सुलतान को तुम जैसी हस्तियों की निहायत ज़रूरत है। लेकिन ज़ब तक सुलतान दौलताबाद नहीं पहुँचेंगे तब तक तुम क्या शुग्ल करोगे? और भी एक-दो बच्चे...।

शख़्स : नहीं हुज़ूर, उससे पहले मैं इस औरत से शादी कर लेना चाहता हूँ।

आज़म : *(नफ़रत से)* क्या?

शख़्स : हाँ हुज़ूर, दिल्ली में मौक़ा ही नहीं मिला।

आज़म : *(दोनों हाथ उठाकर)* अच्छा, अच्छा, अब चलो अपने डेरे पर। *(सब चले जाते हैं)* किस क़दर ग़लीज़ इन्सान है ये? और दो-तीन लम्हे बातें करता तो शायद मुझे क़ै हो जाती!

अज़ीज़ : मैं तो ऐसे लोगों का लोहा मानता हूँ। हक़ीक़त में ऐसे ही लोग सही मानों में संजीदा होते हैं।

आज़म : मुझे बेचारी वो औरत याद आ रही है। महज़ दो पैसे के लालच में उसे औलिया के पास जाने से रोक दिया। अगर रक़म के इस क़दर लालची हो तो मुझे बताओ, अभी मैं जाकर किसी मालदार मुर्ग़े पर हाथ साफ़ कर देता हूँ। मेरे हाथ भी तब से खुजला रहे हैं।

अज़ीज़ : अरे यार, किसी भी सूरत में यहाँ चोरी मत करना। अगर कहीं फँस गए तो हमारी क़िस्मत ही चौपट हो जाएगी।

आज़म : अरे हटो, हमारी भी कोई क़िस्मत है! आज यहाँ तो कल वहाँ। चोरी करते अगर रँगे हाथ पकड़े भी गए तो हाथ ही तो कटेंगे। तब भीख माँग के गुज़ारा कर लेंगे।

अज़ीज़ : तुम्हारी अक़्ल पर मुझे तरस आता है। इतने रोज़ तुम दिल्ली मे रहे तब भी चोरी की हद से आगे नहीं बढ़े। अब मेरी तरफ़ देखो, दिल्ली में गुज़ारे गए इन तीन महीनों में मैंने क्या-क्या नहीं देखा और मेरे साथ क्या-क्या नहीं बीता! अब तो ज़िन्दगी की रविश ही बदल गई। देहात में मैले-कुचैले कपड़े उठाए, दर-दर फिरा करता था। वो भी कोई ज़िन्दगी थी! न कोई तमन्ना, न ख़यालात—बस, घिसटती-फिरती ज़िन्दगी बीत रही थी, मगर यहाँ दिल्ली में आकर मेरे होश उड़ गए। मैं जादू सीख गया। आज़म, चार हरफ़ों का जादू—सि...या...स...त! सियासत! कैसी जादुई दुनिया छुपी हुई है इन चार हरफ़ों में! सच कहता हूँ आज़म, यह दुनिया सिर्फ़ अक़्लमन्दों के लिए होनी चाहिए थी मगर अफ़सोस, यह अहमक़ों से भरी पड़ी है। वहाँ देहात में फटे-चीथड़ों के पीछे जो होशियारी लगाई जाती थी, बस उतने-भर का तुम यहाँ इस्तेमाल कर लो तो क्या-से-क्या हो जाओगे! बड़ी-से-बड़ी हैसियत हासिल कर सकोगे। अज़ीम-से-अज़ीम रुतबा तुम्हारी मुट्ठी में होगा।

आज़म : बस, बस, ख़ुदा बचाए यहाँ की सियासत से। चोरी में अगर कुछ ख़ता हुई तो सिर्फ़ हाथ कटेंगे। मगर इस सियासत में सर की ही ख़ैर नहीं।

अज़ीज़ : सर की ख़ैर चाहते हो तो सर बचाने का हुनर भी जान लेना चाहिए। मगर अपना सर इस फ़ासले पर रखो कि छह क़दम वो आगे रहे।

आज़म : छह क़दम!

अज़ीज़ : इसीलिए कि अगर तुम्हारे पीछे वाले की लाश ही गिर जाए तो वो तुम पर न गिरे।

आज़म : ओह!

अज़ीज़ : ओह क्या, आँखें खोले रखो, आज़म! चोरी, उठाईगीरी का धन्धा अब छोड़ दो। उसमें कोई मज़ा नहीं। वो तो पागलपन है—निरा पागलपन।

आज़म : सिर्फ़ चोरी करो तो पागलपन कहते हो! मेरी दादीजान को तुम नहीं जानते, साठ पर पहुँचते-पहुँचते क़रीब बीस लोगों को कुल्हाड़ी से हलाक कर दिया था।

अज़ीज़ : *(ऊबकर)* देहात वाले चुप रह गए?

आज़म : नहीं, बड़ी हिम्मत करके दादी को पकड़ने के लिए आए, एक-दो आदमी नहीं, पूरे छह लोग, हट्टे-कट्टे। घर के दरवाज़े तक आ पहुँचे। ज्यों ही घर के भीतर क़दम रखा तो दादीजान के सर पर चुड़ैल सवार हो गई। हाथ में कुल्हाड़ी सँभाले बाहर आ गईं। दादीजान की इस डरावनी सूरत को देखकर सब डरकर तितर-बितर हो गए। लेकिन हमारी दादीजान क्यों रुकतीं? नदी के किनारे तक उन लोगों का पीछा किया। बेचारे डर के मारे नदी में कूद पड़े। दादीजान तैरना नहीं जानती थीं सो सब बच गए।

अज़ीज़ : तो फिर तुम्हारी दादीजान का क्या हुआ?

आज़म : तब फिर मेरी दादी माँ ही क्यों कहलातीं? उन छह लोगों के पीछे वो भी कूद पड़ीं। फिर अब तक वापस नहीं आईं!

अज़ीज़ : यानी तुम्हारे ख़ानदान में बड़े-बड़े छुपे रुस्तम हैं!

आज़म : अरे सुनो तो! मेरे एक काका औलिया क़िस्म के आदमी थे और मौलवी भी हो गए। कभी दूसरे के ज़ेवरों को उन्होंने हाथ नहीं लगाया। मैं गए साल उनसे मिलने गया था, घंटे-भर नसीहत पिलाते रहे, और नसीहतें देने के दौरान उनके दोनों हाथ मेरे दाएँ हाथ को कसकर पकड़े हुए थे।

अज़ीज़ : इसका मतलब है, तुम पर उनकी शफ़क़त रही है!

आज़म : ख़ाक शफ़क़त! उनको इस बात का अन्देशा हो गया था कि तकिये के नीचे छुपाई हुई रक़म को कहीं मैं

उठा न ले जाऊँ। उन्हें यह मालूम था कि तकिये के नीचे वाली रक़म की बात मुझे मालूम है।

अज़ीज़ : बड़ा शातिर है!

आज़म : *(ठहाका लगाता हुआ)* शातिर! शातिर तेरा सिर! जब मैं उसके घर से बाहर निकला, तो मेरे हाथ उनकी रक़म का थैला लग चुका था। क्यों, बाएँ हाथ से चुरा लिया था—बाएँ हाथ से!

[औरत के रोने की आवाज़]

आज़म : हाय बेचारी! लगता है, बच्चा चल बसा। अब अगर दौलताबाद पहुँचने के बाद उसने तुम्हारे ख़िलाफ़ फ़रियाद कर दी तो तुम क्या जवाब दोगे? शायद उस हालत में तीन रोज़ इसी ग़लीज़ काफ़िर के साथ काटना पड़े।

अज़ीज़ : *(इर्द-गिर्द देखकर)* सुनो, दौलताबाद पहुँचने से पहले ही हमें सुलतान की ये मुलाज़िमत छोड़ देनी पड़ेगी, समझे? दिल्ली में मुझे ख़बर मिली थी कि सुलतान चाँदी के सिक्के की बजाय ताँबे के सिक्के चलाना चाहते हैं। एक ताँबे के सिक्के की क़ीमत एक चाँदी के सिक्के के बराबर ही तसलीम की जाएगी। क्यों, क्या सोच रहे हो!

आज़म : बड़ी बुरी ख़बर है। ताँबे के सिक्के चुराने में अब क्या मज़ा आएगा?

अज़ीज़ : पूरी बात तो सुन लो। दौलताबाद पहुँचते ही हम यह मुलाज़िमत छोड़कर सिक्का बनाने का हुनर सीखेंगे। अपने हाथों की खुजली का वहाँ इलाज करना। एक-दो महीने में ही इसके मुताल्लिक़ शाही फ़रमान का ऐलान होनेवाला है। तब जुट जाना जाली सिक्के बनाने में। दौलत-ही-दौलत बटोरते रहोगे। *(पीछे से चहल-पहल की आवाज़)* अब सँभल जाओ, बाक़ी लोग भी आ गए।

दृश्य : 8

(ई. 1331)

[दौलताबाद के क़िले का ऊपरी हिस्सा जहाँ दो पहरेदार तैनात हैं–एक जवान, दूसरा उतरती उम्र का। रात का वक़्त है।]

जवान : अब क्या वक़्त होगा, काका?

काका : होगा, कोई रात का दूसरा पहर।

जवान : बस, अभी दूसरा ही पहर! पहरेदार होने से पहले रात कितना जल्द भागती थी! शाम को दीया जलाने से लेकर सुबह को मुर्ग़े की बाँग होने तक वक़्त छलाँग लगाए खिसक जाता था। लेकिन अब यह मनहूस रात कटती ही नहीं।

काका : जिसे सुबह का इन्तज़ार हो, उसे रात लम्बी लगेगी ही। दो-चार दिन और बेटे, तब शायद तुम्हें रात-दिन के अलगाव का एहसास भी न हो। असल पहरेदार वो है जिसके ख़ून में ही सुबह की उम्मीद ख़त्म हो गई हो।

जवान : *(क़िले की दीवार के किनारे तक जाकर)* बाप रे! कितना ऊँचा क़िला है! सर चकरा जाता है...काका, क्या वही है दौलताबाद से दिल्ली जाने का रास्ता जो यहाँ से सफ़ेद रस्सा जैसा नज़र आता है?

काका : हाँ।

जवान : हक़ीक़त में अजगर-सा चौड़ा रास्ता होगा, लेकिन यहाँ से बिलकुल पतला साँप-सा दिखाई देता है।

काका : चार बरस हो गए, न जाने तब इस अजगरी रास्ते ने कितनी जानें हज़्म कर ली होंगी! अब बिलकुल ख़ामोश पड़ा है।

जवान : यह क़िला भी शानदार है। सुना है कि ग़ैर-मुल्कियों की राय में यह क़िला दुनिया-भर में अपना कोई सानी नहीं रखता। और कहा जाता है कि इस क़िले को कोई फ़ौज तोड़ नहीं सकती।

काका : हाँ, कोई फ़ौज नहीं तोड़ सकती। अगर टूटेगा तो अपनी अन्दरूनी कमज़ोरियों से ही। लेकिन बेटे, क़िला चाहे जितना भी ऊँचा हो, चाहे जितना भी मज़बूत हो, मगर हम चिपके रहेंगे मिट्टी से ही। इस दम-घोट घोंसले में ज़्यादा दिन हम नहीं रह सकेंगे।

जवान : तुम दिल्ली के रहनेवाले हो, काका?

काका : हाँ।

जवान : तुम सब आराम से पहुँच गए थे यहाँ पर?

काका : मैं पहुँच गया, पर आराम नसीब हुआ मेरे घरवालों को! सब-के-सब रास्ते में ही अल्लाह को प्यारे हो गए।

जवान : *(हमदर्दी के साथ)* क्यों? खाने-पीने-पहनने का कोई इन्तज़ाम नहीं था या उसमें कुछ कोताही थी?

काका : *(मायूसी-भरी हँसी के साथ)* न-न, रहम-दिल सुलतान ने अपनी तरफ़ से कोई कोताही नहीं की थी। काफ़ी अच्छा इन्तज़ाम था, मगर हम बदनसीब मिट्टी के पुतले हैं न! मेरे बूढ़े बाबा, जिन्होंने अपनी सारी ज़िन्दगी दिल्ली में गुज़ारी थी, दिल्ली-दिल्ली कहते हुए दिल्ली से कुछ ही फ़ासले पर वफ़ात पा गए। बेटा इस्माइल छह बरस का था, ज़िन्दा होता तो अब दस बरस का होता...आँखों के आगे राह की उड़ती हुई मिट्टी, हवा के ज़र्रे-ज़र्रे में बिखरी हुई और परदे की तरह छाई हुई मिट्टी, रेशमी क़फ़न की मानिन्द सर पर लहराती हुई मिट्टी, हर तरफ़ से उठनेवाली

मिट्टी–इस घेरे में मेरा बेटा भी मिट्टी हो गया। फिर बेटे की जुदाई ने उसकी माँ को भी...।

[चुप हो जाता है।]

जवान : *(बात बदलते हुए)* ख़ैर, जाने दो काका, मुझे इस क़िले के मुताल्लिक़ बताओ! मैंने सुना है कि क़िले के नीचे एक अजीबोग़रीब तहख़ाना है जहाँ हमेशा अँधेरा रहता है! और कहते हैं कि तहख़ाने के दरवाज़े जाने कहाँ-कहाँ काले-कोसों खुलते हैं।

काका : तहख़ाना क्या है, एक अजूबा है...बहुत लम्बा-चौड़ा, जो खोखले अजगर की तरह कुंडली मारे क़िले के पेट में बैठा है। *(कड़वाहट के साथ)* अगर यह अजगर क़िले का पेट चीरकर बाहर आता और तमाम मख़लूक को निगल लेता, सबको आराम मिल जाता।

[बाहर शोलगुल]

जवान : *(भाला सँभालकर)* कौन है?

मुहम्मद : *(भीतर से ही)* हम मुहम्मद।

जवान : मुहम्मद? कौन-सा मुहम्मद?

काका : ख़ामोश हो बेवक़ूफ़, सुलतान आ रहे हैं!

[मुहम्मद उनींदी हालत में आता है।]

दोनों : ख़ुदा सुलतान को सलामत रखे!

[मुहम्मद लम्हे-भर बेदम-सा खड़ा रहता है, फिर :]

मुहम्मद : *(बूढ़े पहरेदार से)* शरीफ़ बरनी को यहाँ आने के लिए कहो।

[काका बन्दगी करता हुआ जाता है।]

जवान : गुस्ताख़ी माफ़ ख़ुदाबन्द, अनजाने में भूल हो गई।

मुहम्मद : कोई बात नहीं, वो तुम्हारा फ़र्ज़ था।

[दीवार के किनारे तक जाता है।]

जवान : गुस्ताख़ी माफ़ करें, सुलतान! अर्ज़ करता हूँ कि क़िले के किनारे पर उतनी दूर न जाएँ।

मुहम्मद : *(हँसकर)* तुम यहाँ के लिए नए हो?

जवान : हाँ, हुज़ूर! अब तक फ़ौज में था। कल रात यहाँ आया। बन्दे से कुछ ग़लती हुई तो माफ़ करें, हुज़ूर!

मुहम्मद : बात-बात पर काफ़ी मत माँगो। और दो महीने यहाँ रहोगे तो तुम्हें भी सबके सामने लार टपकाने की आदत हो जाएगी। कम-से-कम तब तक बेबाक बने रहो! तुम्हारी उम्र क्या होगी?

जवान : उन्नीस का हूँ, हुज़ूर!

मुहम्मद : उमंगों-भरी उम्र है, पूरे आलम को फ़तह करने के ख़्वाब देखने की उम्र है। मैं भी जब पहली मरतबा दौलताबाद आया था, तब इक्कीस बरस का था, इस क़िले की तामीर में लगा था। एक रात मैं अकेला इसी जगह पुराने किले के बुर्ज़ पर खड़ा था। क़रीब ही मशालची के हाथ में मशाल अपने सुनहरे पंखों को फड़फड़ा रहा था। क़िले का एक आधा बना हुआ गुम्बद आसमान को अपने सीने में समो लेने की कोशिश कर रहा था। उसी वक़्त यकायक कुछ हो गया...गोया किसी ने जादू कर दिया। मैं, मशाल, आसमान, क़िला—सब पिघल गए...एक हो गए। बाहर की तारीकी मेरी रंगों में रच गई थी। चमकते तारों की टिमटिमाहट मेरी नब्ज़ में धड़क रही थी। लम्हे का दायरा टूट गया था। तमाम सवाल-जवाब ख़ामोश थे। मैं मिट्टी बना हुआ था, सब्ज़ा बना हुआ था, धुआँ था, आसमाँ था। उसी वक़्त दूर से किसी पहरेदार ने आवाज़ दी, 'होशियार!' मैं होश में आ गया...अध-जला मशाल, अध-बना गुम्बद, सब जुदा हो गए।

सिपाही, यह मत सोचो कि तुम्हारी नौजवानी से मैं रश्क करता हूँ। जूझने के लिए अभी बहुत ज़िन्दगी पड़ी है तुम्हारे पास। मुझे देखो, मुद्दत बाद फिर यहाँ आया हूँ। उसी खोई हुई रात की तलाश में निकला हूँ।

मुझे दौलताबाद आए चार साल हो गए। इसी अरसे में यहाँ आकर मैंने क्या देखा...क्या पाया...? क़िले के बाहर भूत-सा खड़ा हुआ यह बीहड़ जंगल! क्या सुना? जंगली सियारों की हूल! शहर के कुत्तों का शोर! बीस साल और गुज़र जाएँ, तो उस वक़्त तुम मेरे बराबर के हो जाओगे, और मैं तब इस जंगल के नीचे दफ़न रहूँगा। उस वक़्त... *(जवान चुप है)* क्या तुम मुझे याद करोगे? ख़ामोश क्यों हो?

जवान : *(डरते हुए)* ख़ुदाबन्द, मुझे माफ़ करें। मैं बिलकुल नहीं समझा!

मुहम्मद : *(चीख़कर)* नहीं समझा! नहीं समझा! तो ज़िन्दा क्यों हो? क्यों बेकार साँस लेते हो? क्यों हवा को नापाक करते हो? *(फिर एकदम धीमा चलकर)* ख़ैर, जाने दो! तुम्हारा क्या क़सूर है? आख़िर तुम भी तो उन्हीं में से एक हो! जाओ, मेरी बातें भूल जाओ।

बरनी : अल्लाह-ताला ख़ुदावन्द सुलतान को सलामत रखे!

[सन्नाटा। दो-तीन लम्हों के बाद बरनी आता है।]

: सुलतान ने मुझे याद फ़रमाया?

[सुलतान इशारे से पहरेदारों को हटा देता है।]

मुहम्मद : शाही महल की गुमसुम दीवारें नाक़ाबिले-बरदाश्त हो गईं तो मैं यहाँ भाग आया। यहाँ आने पर मैंने महसूस किया कि कोई यहाँ मौजूद हो, ताकि मैं उससे मुसलसल गुफ़्तगू कर सकूँ। इसलिए तुम्हें बुला भेजा। सो गए थे?

बरनी : मैं अबू हनीफ़ा की किताब पढ़ रहा था।

मुहम्मद : ख़ुशनसीब हो। नींद न आए तो किताबें पढ़ सकते हो। लेकिन मैं...इसरार करता हूँ कि नींद आए...पर नहीं आती। पढ़ने-पढ़ाने का इश्तियाक़ भी अब न रहा। रूमी के दीवान के पीछे मैं दीवाना रहता था, दिन-रात

जब जी में आया, पढ़ने बैठ जाता था। मगर अदब में अब वो सारी दिलचस्पी ही ख़त्म हो गई। शेरो-शायरी अब महज़ लफ़्फ़ाजी लगती है। अब पिछले के उन दिनों को याद करता हूँ तो यक़ीन नहीं होता, जबकि मैं अल्लाह से इल्तिजा किया करता था कि या अल्लाह, मुझे नींद से बचा ले।

बरनी : आप शाही हकीम से मशविरा क्यों नहीं करते, हुज़ूर?

मुहम्मद : इसमें हकीम क्या करेंगे, बरनी? तुम वाक़या-नवीस अगर कुछ इलाज कर सको तो, तुम्हारा एहसान मानूँगा। तुम्हें मालूम है कि बंगाल में फ़ख़रुद्दीन ने बग़ावत खड़ी की है? आज ही ख़बर मिली है।

बरनी : *(अचरज से)* आप क्या फ़रमा रहे हैं, हुज़ूर!

मुहम्मद : दक्खिन में फिर बाग़ी ताक़तों ने सिर उठाया है। मालाबार में एहसानशाह ने ख़ुद को सुलतान ऐलान किया है। दूसरी तरफ़ बहाउद्दीन गुरशास्प भी मेरे ख़िलाफ़ फ़ौज इकट्ठी कर रहा है। दोआब का क़हत अब हर सूबे में फैलता जा रहा है। सारा मुल्क ही बदहाली की लपटों में झुलसा जा रहा है। तमाम कारगर काम-धन्धे चौपट हो गए हैं। सिर्फ़ एक धन्धा आज तरक़्क़ी पर है, वह है—राइज सिक्कों की जगह जाली सिक्कों को जारी करना। गोया सल्तनत का हर घर जाली कारख़ाना हो! आसपास अगर मैं किसी को भरोसे के लायक़ पाता हूँ तो सिर्फ़ दो शख़्स नज़र आते हैं अपनी वसीसल्तनत में...सिर्फ़ दो—एक शहाबुद्दीन के वालिद और दूसरा आईन-उल्-मुल्क! बाक़ी सब इसी इन्तज़ार में हैं कि कब मेरी आँखें बन्द हो जाएँ! अब इन सबसे मैं कैसे निबटूँ? क्या करूँ? तमाम मुल्क महज़ बलाओं का घर बना हुआ है। एक बीमारी को रफ़ा करता हूँ तो दूसरी आ घेरती है!

बरनी : ख़फ़ा न हों ख़ुदावन्द, आपने दरियाफ़्त किया है, इसलिए चंद बातें अर्ज़ करना चाहता हूँ। आप आलिम-फ़ाज़िल हैं। आपकी बुलंद-ख़याली, ख़ुश-बयानी

सब सियासत के बियाबाँ में ज़ाया हो रही हैं। आपको तो आलिमों के बीच होना चाहिए था। मेरी राय में आप सल्तनत की बागडोर फ़ीरोज़शाह के हवाले कर दें और हुकूमत के जंजाल से निकल जाएँ।

मुहम्मद : अगर तदबीर इतनी सहल होती तो अब तक क़िस्मत-आज़माई कर लेता। मैंने ख़ुद कई मरतबा अपने-आपसे यह सवाल किया था कि तवारीख़ किसकी है? क्या मेरी हो सकती है? और क्या उस तवारीख़ में मेरी हस्ती कभी क़ायम हो सकती है जहाँ हर लम्हा शिद्दत के साथ वहशी टकराहट हुआ करती है? ऐसे फ़ानी का कहाँ तक एतिबार किया जाए? आख़िर इस बवाले-जाँ से कब निजात हासिल होगी? अन्दर-ही-अन्दर एक ख़्वाहिश उभरती है कि इस कशमकश को तोड़कर हज पर रवाना हो जाऊँ। 'रुआब' के सामने अपनी ज़िन्दगी बिछा दूँ और रूहानी सुकून हासिल कर लूँ। मगर हक़ीक़ते-हाल निहायत संगीन है, बरनी! ला-इलाज बीमार शख़्स को मैदानों में खुले फेंक देने का मतलब है, नई बीमारियों को दावत देना। *(आवाज़ को ऊँचा करते हुए)* बरनी, हज़ारों खूँखार गिद्ध सर पर मँडरा रहे हैं जिनकी ख़ूनी नज़रें मुझ पर जमी हुई हैं। मैं अपनी बदनसीब रिआया को किसके भरोसे छोड़ दूँ? मैं अपनी रिआया से जुदा नहीं हूँ। बरनी, ऐसी सूरत में तख़्त छोड़ने का मतलब ख़ुदकुशी करना है। अगर इन खूँरेज़ गिद्धों का ये अटूट ताँता मेरे इतने क़रीब न मँडराता, मैं ज़रूर कोई-न-कोई तदबीर निकालता। घुटने-कोहनी के बल रेंगता हुआ चला जाता। मगर अब मैं क्या करूँ? ख़ौफ़ के मारे नींद की पलकें जवाब दे रही हैं। न जाने मेरी रगे-ख़ून कब फट जाएगी! *(चीख़कर)* बरनी, दोज़ख़ की ये पोशीदा ताक़तें मुझसे इस क़दर क्यों इन्तक़ाम लेना चाहती हैं? क्यों ये ख़ौफ़नाक शक्लें मेरे इर्द-गिर्द मँडराती रहती हैं?

बरनी : *(ख़ौफ़ज़दा होकर)* मालिक!

मुहम्मद : जानते हो, मेरी रिआया ने मुझे कौन-सा प्यारा नाम अता किया है? सनकी सुलतान! सनकी सुलतान!! *(फिर एकाएक आजिज़ी के साथ)* बरनी, मैं किस तरह समझदार बनूँ?

बरनी : ख़ुदावन्द, वो भी दिन थे, जब आपके पास मुहब्बत और ज़िन्दगी के बुलन्द ख़याल थे, सुकून की शदीद तड़प थी। लेकिन अब?...सिवाय क़त्लेआम के कुछ सोचते ही नहीं, जो आपका रोज़मर्रा का काम हो गया है। ज़रा-ज़रा-सी बात पर सख़्त सज़ा सुनाते हैं! ज़रा-ज़रा-सी भूल के लिए सूली पर चढ़वा देते हैं, हुज़ूर! ये बेरहमी अब बन्द कर दें, अपनी रूह के सुकून के वास्ते! जो-जो आपकी सल्तनत छोड़कर चले गए हैं, जो जिला-वतन कर दिए गए हैं, उन सबको माफ़ी बख़्श दें, उन्हें वापस बुला लें। तब यक़ीनन मुल्क-भर में अमन-चैन और मज़बूती पहले की तरह क़ायम हो जाएगी।

मुहम्मद : *(बड़ी तशवीश के साथ)* लेकिन उससे पहले मुझे ये यक़ीनी तौर पर इल्म होना चाहिए कि मेरा मक़सद ही ग़लत था। मेरे इरादे ही नाक़िस थे। तब शायद तुम्हारा यह इलाज मुफ़ीद साबित हो। लेकिन जब तक वो लम्हा नहीं आएगा, तब तक इसी पर अमल करूँगा। मैंने जो सीखा है या जाना है, उसी को जारी रखूँगा, उसी से रिआया को रूशनास कराता रहूँगा। मैं यह कभी गवारा नहीं करूँगा कि तवारीख़ को फिर अन्धों की तरह अपने-आपको दुहराने का मौक़ा मिले। ये मजबूरी है कि अपने पास मौजूदा एक ही ज़िन्दगी पड़ी है, इसलिए मैं इसे नाकाम नहीं होने दूँगा। *(एक-एक हर्फ़ पर ज़ोर देकर)* लोग जब तक मेरी बातों पर ग़ौर नहीं करेंगे, तब तक यह क़त्लेआम मुसलसल जारी रहेगा। दूसरा कोई चारा नहीं है, बरनी!

[बूढ़ा पहरेदार दौड़ा हुआ आता है।]

बूढ़ा : सुलतान सलामत रहें, ग़ज़ब हो गया, हुज़ूर! वज़ीर साहब ने पैग़ाम भेजा है...।

मुहम्मद : क्या?

बूढ़ा : वज़ीरे-आज़म नजीब का ख़ून हुआ है। अभी-अभी उनकी लाश उनकी आरामगाह में बरामद हुई है।

[मुहम्मद बेदम-सा खड़ा हो जाता है।]

दृश्य : 9

[पहाड़ी गुफ़ा। आज़म और अज़ीज़ लेटे हुए हैं।]

आज़म : *(जम्हाई लेते हुए)* बेहद गर्मी है। मुझे नींद आती है...मगर नींद से ज़्यादा ज़िन्दगी से बेज़ार हूँ! लानत है ऐसी ज़िन्दगी पर...!

अज़ीज़ : तो जाओ, ख़ुदकुशी कर लो!

आज़म : एक बार कोशिश की थी, पर नाकाम रहा...। अब दुबारा कामयाब हो जाऊँगा, ऐसी उम्मीद नहीं है।

[अज़ीज़ चुप रह जाता है कि कहीं आज़म अपना क़िस्सा शुरू न कर दे, मगर आज़म हार नहीं मानता।]

: तब मैं क़रीब चौदह बरस का था! ख़याल आया कि अपना ख़ात्मा कर लूँ। आधी रात में कुएँ के पास गया, किनारे पर खड़ा हुआ, फिर आँखें बन्द कीं, कान भी...कूद पड़ा कुएँ में। तभी याद आया कि मैं गरदन से पत्थर बाँधना भूल गया था। लेकिन अब जबकि कूद चुका था, क्या करता? गिरा तो था, डूबा नहीं। इस पर, कम्बख़्त तैरना अलग जानता था। बचपन की तबीयत थी। पानी के लगते ही बेतहाशा जोश आ गया। दो घंटे ख़ूब तैराकी की फिर ऊपर चढ़ा, और घर आकर सो गया। उसके बाद फिर कभी कुएँ का रुख़ नहीं किया।

अज़ीज़ : तुम जैसे अनाड़ी से और क्या उम्मीद की जा सकती है! कोई भी काम सफ़ाई से करना जानते हो?

आज़म : क्यों, चोरी-उठाईगीरी में कमाल की सफ़ाई दिखा सकता हूँ। कभी चूक नहीं हुई थी। मगर अज़ीज़, ये मुझे अभी तक पता नहीं कि मैं चोर क्यों हुआ, वरना मैं भी आम इन्सान की तरह घर बसाता, मज़े करता, मगर चोरी- चकारी...।

अज़ीज़ : मैं कहता हूँ, तुम बेवक़ूफ़े-आज़म हो। ज़िन्दगी में कम-से-कम एक बार इन्सान को ग़लती करनी ही चाहिए, लाज़मी तौर पर। तभी उसकी खूबियाँ रौशन होती हैं।

आज़म : क्या बेतुकी बक रहे हो?

अज़ीज़ : ज़रा ग़ौर से सुनो। शरीफ़ आदमी को लोग जल्दी भूल जाते हैं। अगर तुमने शराफ़त को धता बता दी, और एक बार चोरी कर ली तो फ़ौरन लोग कहने लगते हैं, 'हाय बेचारा, कितना शरीफ़ लड़का था! अब बिगड़ गया।' उसके बाद एक ख़ून भी करो तो लोग कहेंगे, 'इससे तो पहले ही अच्छा था, बेचारा सिर्फ़ चोरी ही करता था पर अब देखो, जानो-माल पर...।' अब तुम परायी औरत की इज़्ज़त पर हाथ लगाओ तो लोग आह भर-भरकर कहने लगेंगे, 'हाय, हाय! वली-क़िस्म का शख़्स था...अब शैतान...।'

आज़म : तुम्हारा मतलब क्या है? चोरी की, ख़ून भी किया तो अब क्या किसी औरत की इज़्ज़त पर नज़र लगी है?

अज़ीज़ : ज़रूर है, मगर सीढ़ी-दर-सीढ़ी...काम बनेगा। इसका भी एक फ़लसफ़ा बनाना होगा। बग़ैर तरजुबा के आती-जाती औरत के साथ बदसलूक़ी करो तो कुछ हाथ नहीं लगेगा। सबसे पहले इक़्तदार हासिल करना है, सुलतान बनना है। तब ज़्यादती, सितम, मौज-मज़ा, ऐशो-आराम...सब लफ़्ज़ों के ख़ास मानी निकलने लगते हैं!

आज़म : मगर तुम सुलतान बनने से रहे। ऐसे हवाई क़िले...।

अज़ीज़ : उसकी फ़िक्र मत करो, एक नुजूमी ने मुझसे कहा था...।

आज़म : *(एकाएक उछलकर)* अज़ीज़, न-न, इन नुजूमियों के जाल में कभी न आना। इनकी बदौलत हमारे काका ने अपनी ज़िन्दगी तबाह कर डाली।

अज़ीज़ : फिर छेड़ दिया अपने कुनबे का क़िस्सा!

आज़म : क़िस्सा नहीं दोस्त, हक़ीक़त बयान कर रहा हूँ। एक मरतबा मेरे काका ने किसी एक नुजूमी को अपना हाथ दिखाया। नुजूमी ने ऐसी ऊँची-ऊँची बातें कीं कि काका अपने को बादशाह समझ बैठे! और आठ रोज़ के बाद अपनी बीवी को भी नुजूमी के पास ले गए, हाथ दिखाने के लिए कि बीवी की क़िस्मत में भी बेगम बनने की गुंजाइश है या नहीं! अब बेचारा नुजूमी अपने इल्म की इस तरह क़द्र होते देखकर बोला–'काकी बड़ी औलाद वाली होगी, उसके नौ बच्चे होंगे।' मगर हमारे काका इस पर इस क़दर बरहम हो गए कि अपनी बीवी और इस नुजूमी का एक ही चुटकी में ख़ात्मा कर डाला।

अज़ीज़ : क्यों, तुम्हारे काका के सिर पर कुछ आ गया था?

आज़म : भूल उस नुजूमी की थी। अगर ऐसा भुलक्कड़ था तो नुजूम का पेशा क्यों अख़्तियार किया था! क्योंकि पिछली मरतबा काका के हाथ देखकर नुजूमी ने फ़रमाया था कि उनके कुल पाँच बच्चे ही होंगे।

[फिर ठहाका लगता है।]

अज़ीज़ : ठीक है, अब जितना चाहो, ठहाका मारो। अभी अपने करीमख़ान को आने दो। तब तुम्हें पता लगेगा कि मैं सुलतान बनूँगा या डाकू ही रहूँगा।

आज़म : *(संजीदगी के साथ)* मगर अज़ीज़, ताक़त की और क्यों हविस रखते हो? अब जैसी हालत है, तुम काफ़ी साहिबे-इक़बाल हो! मुल्क के सुलतान न सही, डाकुओं

के बादशाह तो हो। मुसाफ़िर-राहगीरों को लूट-लूटकर काफ़ी दौलत बटोर ली है। और भी बटोरी जा सकती है, फिर भी क्यों लालच करते हो!

अज़ीज़ : मगर लोगों को धोखे से लूटने में मज़ा नहीं है, आज़म! लूट के माने लूट ही रहते हैं। उसमें ख़ास माने तब आते हैं जब सबके सामने खुल्लमखुल्ला लूटखसोट करो और लोग कहें कि ये हुकूमत है। तुम शतरंज का खेल जानते हो?

[आज़म सिर हिलाकर 'नहीं' करता है।]

: शतरंज में एक प्यादा होता है, सबसे कमज़ोर, हमेशा टेढ़ी चाल चलता है। उसकी न कोई सिफ़्त है, न रुतबा। फिर भी कहीं मार खाए बिना सात क़तरों को पार कर आठवीं में अगर क़दम रख दे तो घुड़सवार से लेकर वज़ीर तक कुछ भी बन सकता है। यानी सीधे बादशाह की नाक के नीचे पहुँच सकता है। अब मैं भी उस प्यादे का रास्ता क्यों न अख़्तियार कर लूँ?

आज़म : यानी तुम्हारे मनसूबे सुलतान बनने के हैं! तब मेरी क्या हैसियत होगी?

अज़ीज़ : मेरे दरबार के अमीर बन जाना!

आज़म : नहीं दोस्त! लगता है कि चोर से ऊँचा रुतबा मुझे हज़म ही नहीं होगा।

अज़ीज़ : तुम्हारे मनसूबों में ही कंगाली है तो...। *(बाहर से क़दमों की आहट सुनाई पड़ती है)* लो, करीमख़ान आ गया।

[करीमख़ान एक आदमी को बाँधे लाता है, जिसके हाथ बँधे हैं, मुँह और जिस्म ऊपर से ढँके हुए हैं। साथ ही एक बड़ी गठरी भी लाया है।]

: बड़ी देर कर दी, करीमख़ान! मैंने जो हिदायत दी थी...तो यही शख़्स है?

करीम : हाँ, हुज़ूर!

अज़ीज़ : ठीक है। *(पैसे का थैला थमा देता है)* फिर जब ज़रूरत होगी बुलवा लूँगा, अब जाओ।

[करीमख़ान चला जाता है।]

आज़म : यह कौन-सा जानवर है?

अज़ीज़ : बताता हूँ, पहले खोलो उसे।

[आज़म खोल देता है। अज़ीज़ कैदी का मुँह घूरकर देखता है।]

: लाहौल! अहमक़ करीमख़ान किसी और को ले आया है!

आदमी : हाँ, हमने तुम्हारे उस आदमी को साफ़-साफ़ बताया था कि हम कौन हैं। फिर भी उसने बदतमीज़ी की। सुलतान को ये बात मालूम हो, तब देखना...तुम सबकी चमड़ी न उधेड़ दी जाए तो मेरा नाम नहीं।

दोनों : सुलतान!

अज़ीज़ : हमें माफ़ करें, हुज़ूर! मैंने तो और किसी मालदार को पकड़ लाने की हिदायत दी थी। ग़लती से करीमख़ान आपको पकड़ लाया। माफ़ करें, हुज़ूर! लेकिन गुस्ताख़ी न मानें—आपकी तारीफ़?

आदमी : *(बड़े रौब से)* हम ग़ियासुद्दीन अब्बासी हैं। ख़लीफ़ा ख़ानदान के नुमाइंदा हैं, सुलतान मुहम्मद बिन तुग़लक के मेहमान हैं।

आज़म : हमें माफ़ कर दें, हुज़ूर!

अज़ीज़ : हमसे ग़लती हो गई, हुज़ूर!

ग़ियासुद्दीन : बेशक ग़लती है। दूरदूराज अरबिस्तान से हम रवाना हुए। इतना लम्बा सफ़र किया। मगर इस दरमियान एक भी शख़्स को हमें हाथ लगाने की जुर्रत नहीं हुई। हमारी तारीफ़ और रुतबे से ज्योंही वाक़िफ़ होते, फ़ौरन ताज़ीम से झुककर चले जाते! हो सकता है, पहले यक़ीन न भी किया हो, मगर सुलतान का इजाज़तनामा देखते ही ताज़ीम के साथ हमारा

इस्तक़बाल किया। और तुमने इस क़दर हमारी तौहीन की।

अज़ीज़ : ख़फ़ा न हों, जनाबेआला! ग़लतफ़हमी इसलिए हुई कि शाही मेहमान होते हुए भी आप इस तरह अकेले-अकेले...।

ग़ियासुद्दीन : वो सारी तफ़सीलें तुझे क्यों दें, बेवक़ूफ़? हम अकेले हैं तो क्या हुआ! सिर्फ़ सुलतान को ख़बर करने की देर है। ज्योंही उनको हमारी आमद की इत्तिला मिलेगी, फ़ौरन उनके नुमाइंदे दौलताबाद के क़रीब पहुँच जाएँगे, और हमारा इस्तक़बाल करने के वास्ते बाअदब तैयार रहेंगे!

अज़ीज़ : तो फिर आपकी इजाज़त हो तो हम भी आपके साथ चलें और बा-हिफ़ाज़त आपको दौलताबाद पहुँचा दें। इससे कम-से-कम इतनी तो तसल्ली होगी कि हमने अपनी ग़लतियों की इस्लाह कर ली।

ग़ियासुद्दीन : *(हिक़ारत से)* चोर होने के बावजूद लगता है, कुछ हद तक शराफ़त से भी वाक़िफ़ हो। ठीक है। हमें भी सही रास्ता मालूम नहीं है। इसके अलावा ये हिन्दुस्तानी ग़ैर-मुल्कवालों को बड़ी हिक़ारत से देखते हैं।

अज़ीज़ : यानी आप पहली बार यहाँ तशरीफ़ ला रहे हैं? सुलतान से पहले मुलाक़ात नहीं हुई?

ग़ियासुद्दीन : *(बड़े रौब से)* नहीं, पर इससे क्या फ़र्क़ पड़ता है? ये इजाज़तनामा और अँगूठी तो है, जो सिर्फ़ ख़लीफ़ा ख़ानदान के नुमाइन्दे पहनते हैं। और किस चीज़ की ज़रूरत है?

अज़ीज़ : यानी आपका मतलब है कि बिना इजाज़तनामा और अँगूठी के कोई यहाँ आपको पहचान नहीं सकता?

ग़ियासुद्दीन : हाँ, नामुमकिन ही समझो। *(फिर एकाएक शक की निगाह से)* लेकिन तुम ये सब क्यों पूछ रहे हो?

अज़ीज़ : *(उछलकर)* आज़म, एकदम फँस गया। मुझे ख़बर मिली थी कि जनाबेआला यहाँ मौजूद हैं। इसी वास्ते करीमख़ान को भिजवाया था।

ग़ियासुद्दीन : क्या बक रहे हो? क्या मतलब है इसका?

अज़ीज़ : सिर्फ़ चन्द लम्हे और उसके बाद हर मतलब बे-मतलब साबित होगा!

ग़ियासुद्दीन : *(ख़ौफ़ज़दा होकर)* क्या? मेरा क़त्ल करोगे? क्यों करोगे? मेरे क़त्ल से क्या हासिल होगा? सुनो, मेरे पास एक कौड़ी भी नहीं है। जो भी होगी, तब होगी, जब सुलतान अता करेंगे। ये बात सही है कि मैं ख़लीफ़ा ख़ानदान का नुमाइंदा हूँ, ख़लीफ़ा का पड़पोता हूँ, मगर फ़िलहाल मैं ख़ाली हाथ हूँ। मुफ़लिस हूँ। मुझ-जैसे के क़त्ल से तुम्हें क्या मिलेगा?

[अज़ीज़ ख़ामोश है, जिससे ग़ियासुद्दीन और घबरा जाता है?]

: सच कहता हूँ, मेरी मुफ़लिसी ही मुझे यहाँ ले आई। एक कौड़ी भी पास होती तो आज मैं यहाँ मौजूद न होता। रास्ते-भर में न जाने कितने बटमारों-लुटेरों से साबिक़ा पड़ा। लेकिन मुझे ख़ाली ज़ेब पाकर सबने मुझे छोड़ दिया। अब आपको ही मुझसे क्या मिलेगा?

अज़ीज़ : बहुत मिलेगा। तुम नहीं रहोगे तो तुम्हारी जगह मैं दौलताबाद जा सकूँगा।

आज़म : अज़ीज़, मेरी बात सुनो। सुनो...!

अज़ीज़ : चुप रहो! क्यों फ़िज़ूल गला सुखाते हो? ज़रा समझ से काम लो। ऐसा मौक़ा फिर कब मिलेगा? हाँ, ये हैं ख़लीफ़ा ख़ानदान के नुमाइंदे। न मालूम ऐसे कितने नुमाइंदे अरबिस्तान में पड़े हों, उन्हीं में से एक ये दरवेश पड़पोता भी होगा। दौलताबाद में कोई इससे वाक़िफ़ नहीं। अगर होंगे भी तो अब उन्हें याद नहीं होगा। फिर फ़ुरसत ही किसे है कि वाक़फ़ियत साबित करते फिरें, जबकि दौलताबादी ख़ुद भुखमरी से तबाह हो रहे हैं। सारी ज़िम्मेदारी मुझ पर छोड़ दो। और तुम ताब नहीं ला सकते तो चुपचाप बाहर चले जाओ।

[आज़म चला जाता है।]

ग़ियासुद्दीन : या अल्लाह! नहीं! मेरा क़त्ल मत करो। ख़ुदा के वास्ते मुझे छोड़ दो। चाहो तो ये तुम्हीं ले लो—ये अँगूठी, ये इजाज़तनामा! इन्हें जो चाहो करो। मुझे जाने दो। मैं यहाँ से सीधे अरबिस्तान वापस चला जाता हूँ। आइंदा कभी हिन्दुस्तान का रुख़ भी नहीं करूँगा। तुम्हारे पाँव पड़ता हूँ। मुझे छोड़ दो, मेरा क़त्ल मत करो।

[अज़ीज़ के पाँव मज़बूती से थाम लेता है।]

अज़ीज़ : *(अपलक)* नहीं, नहीं, नहीं!

ग़ियासुद्दीन : *(अधमरा-सा, गोया अपने-आपसे बड़बड़ा रहा हो)* नहीं, नहीं, नहीं; हाँ, मैं जानता था कि मेरा नसीब कभी बेदार नहीं होगा! मुझे एहसास था कि मेरी ज़िन्दगी में कभी बरकत नहीं होगी। जब से पैदा हुआ, तभी से मुफ़लिसी का साथ रहा। दर-दर ख़ाक छानता रहा। उसी दौरान न जाने कहाँ से यह कम्बख़्त ख़त आ टपका। मैंने समझा, मुझ पर ग़ैबी ताक़तों की इनायत हुई है, ज़रा-सी उम्मीद बँधी कि अब हम ख़स्ताहाल नहीं रहेंगे। आइंदा शायद हम भी ऐश कर सकेंगे। और हम बद-बख़्त चले हिन्दुस्तान की तरफ़। उसी वक़्त मेरे ज़मीर ने मुझे चेताया कि अबे अहमक़, तेरी ज़िन्दगी में कभी करिश्मे नहीं होंगे। नहीं, नहीं, नहीं!

[अज़ीज़ ग़ियासुद्दीन की बातों में खो जाता है। एकाएक ग़ियासुद्दीन अज़ीज़ को धक्का देकर नीचे गिरा देता है, और बाहर भाग जाता है।]

अज़ीज़ : *(गिरे-गिरे)* आज़म, पकड़ो बदमाश को! बाँध दो उसे!

[तेज़ी से उठकर बाहर चला जाता है, और थोड़ी देर तक मुठभेड़ की आवाज़ें आती हैं।]

अज़ीज़ : *(आवाज़)* शाबाश! कस लो गिरफ़्त में!

ग़ियासुद्दीन : *(आवाज़)* या ख़ुदा, मुझे अपनी हिफ़ाज़त में ले।

[भीतर से तलवार मारने की आवाज़। ग़ियासुद्दीन की चीख़। आज़म भागता हुआ स्टेज पर आता

है, कपड़ों पर ख़ून के धब्बे। सारा जिस्म काँप रहा है, चेहरा पसीने-पसीने है। उसी के पीछे अज़ीज़ भी ख़ून से रँगी तलवार लिये आता है, सर पर ग़ियासुद्दीन का इमामा है। जिस्म ख़ून से रँगा है।]

अज़ीज़ : *(ठहाका मारते हुए)* क्यों दोस्त, सुबक रहे हो?

आज़म : *(चिढ़कर)* मत बोलो मुझसे! या अल्लाह! मैंने उन्हें क्यों रोका? क्यों पकड़ा?

[अज़ीज़ वहीं पड़ी ग़ियासुद्दीन की गठरी को खोलता है।]

अज़ीज़ : तुम भी एक क़िस्म के अजूबे हो। न जाने कितने मुर्दे तुम्हारे हाथों से गुज़र चुके होंगे! तुमने ख़ुद कितने ही मुर्दों में घास-फूस भरी है, और उन्हें कहाँ-कहाँ लादे फिरे हो। अब एक मामूली शख़्स की मौत को बरदाश्त नहीं कर सके!

[गठरी से चोग़ा निकालता है, फिर ख़ुद पहन लेता है।]

: इधर देखो आज़म, कैसा लगता हूँ, ख़लीफ़ा का पड़पोता।

[आजम मुँह नहीं फेरता, अजीज उसकी पीठ पर एक घूँसा मारकर।]

: अबे हँस, बेवक़ूफ़, हँस, ठहाका मार। च्च च्च! रोता है। अबे, सामने देख आज़म, शाही महल का बन्द दरवाज़ा खुल गया। अब नाचो, नाचो! *(गाने लगता है।)*

बड़े ख़लीफ़ा का पड़पोता...

बड़े ख़लीफ़ा का पड़पोता...

[आज़म बड़ी नाराज़गी से देखता है, मगर अज़ीज़ को नाचते और गाते देखकर आज़म के चेहरे पर धीरे-धीरे हँसी खुलती है।]

दृश्य : 10

[शाही महल में मुहम्मद की आरामगाह। मुहम्मद खिड़की से बाहर देख रहा है। सौतेली माँ का प्रवेश।]

सौतेली माँ : मुहम्मद, देखो, बाहर क्या हंगामा हो रहा है।

मुहम्मद : *(सर्द आवाज़ में)* हुं।

सौतेली माँ : इस सबका क्या मतलब है, मुहम्मद?

मुहम्मद : और किया ही क्या जाए, अम्मीजान! मैंने ख़ुद ऐलान किया था कि ताँबे के सिक्के की क़ीमत चाँदी के सिक्के के ही बराबर है। अब अपने हुक्म की तामील मुझे तो करनी ही होगी।

सौतेली माँ : हद दर्जे की नादानी है! वज़ीरे-नायब फ़रमाते हैं कि बाहर खड़ी पाँच सौ गाड़ियों में से तीन-चौथाई तो जाली सिक्कों की हैं। अगर इन्हें यों ही वापस लोगे तो शाही ख़ज़ाने का क्या होगा?

मुहम्मद : मैं लाचार हूँ, अम्मी जान! जाली सिक्कों के मुताल्लिक़ मुझे तभी क़ियास कर लेना चाहिए था जब मैंने ताँबे के सिक्के जारी किए थे। मगर तब मैंने अंजाम नहीं सोचा, जो मेरी बहुत बड़ी भूल थी। अब एक तरफ़ क़हत की मार, दूसरी तरफ़ जाली सिक्कों का ज़ोर, और नतीजा यह है कि पूरे मुल्क की तिजारत की हालत चौपट हो गई है। अम्मी, जो हो, अब इन सिक्कों को वापस लेना ही होगा।

सौतेली माँ : दस-बीस नहीं, पाँच सौ गाड़ियाँ। अगर पहले रोज़ का यह हाल है, तो आइंदा क्या होगा, इसका भी अन्दाज़ा

लगाया है? रिआया की बेईमानी की ख़ातिर तुम्हारा ख़ज़ाना ख़ाली हो जाए, यह कहाँ का इंसाफ़ है?

मुहम्मद : *(बेज़ारी से)* मैंने कितनी बार कहा है कि ख़ज़ाने में जमा रक़म मेरी नहीं, रिआया की है।

सौतेली माँ : लेकिन ख़ज़ाने में जाली सिक्के भरने से रिआया को तो कुछ फ़ायदा नहीं होगा।

मुहम्मद : वो ख़ज़ाने में नहीं जाएँगे, अम्मी! मैंने दूसरा इन्तज़ाम सोच लिया है। उन तमाम ढेर-के-ढेर सिक्कों को अपनी आरामगाह के पास के बग़ीचे में रखवा दूँगा, क़तार में, ताकि हर घड़ी मैं उनका दीदार कर सकूँ।

सौतेली माँ : या अल्लाह! ख़ज़ाने के साथ अब अपने चमन को तबाह करने पर तुले हो? आख़िर ये पागलपन क्यों कर रहे हो, मुहम्मद?

मुहम्मद : जब मैंने चमन बनवाया था, तब तसव्वुर किया था कि हमारा चमन शायर सादी के तख़य्युल की तसवीर होगा। हमारी दिली ख़्वाहिश थी कि हर गुलाब एक हसीन शायरी हो, हर काँटा एक शहीद एहसास हो। लेकिन अब मेरी सल्तनत के लिए किसी ख़ास अलामतो-निशान की ज़रूरत नहीं रही, अम्मी! हालात सबकुछ ख़ुद कह रहे हैं। जहाँ हर रोज़ जनाज़े के जुलूस जारी हों, वहाँ दूसरी अलामत की क्या ज़रूरत?

सौतेली माँ : तो फिर इन जनाज़े के जुलूस को बन्द क्यों नहीं करते? मैंने इन दिनों तुम्हारे मुताल्लिक़ बेशुमार नाक़ाबिले-एतिबार बातें सुनी हैं। सुना है कि तुम वज़ीरे-आज़म के क़ातिलों की खोज निकालने के बहाने शहर-भर के सरदारों, इमामों, अमीरों के पीछे हाथ धो के पड़े हो, और उनके ख़ानगी मुलाज़िमों को अपना ख़ुफ़िया बना लिया है। घर में कही हुई बात तुम्हारे कानों में पहुँचाई जा रही है और सुना है कि इसी वजह से आजकल तमाम अमीर-उमरा-इमाम-सरदार लोगों पर तुम्हारी जासूसी का ख़ौफ़ इस तरह छाया हुआ है

कि बेचारे अपने ही घर में अपने मुँह पर ताला लगाए बैठे रहते हैं। क्या यह सब सच है?

मुहम्मद : हाँ, मुमकिन है।

सौतेली माँ : क्या ये भी सच है कि तुम्हारे शक्की पंजे से ख़ौफ़ ख़ाकर पाँच सरदार फ़रार हो गए हैं?

मुहम्मद : सिर्फ़ चार लोग फ़रार हैं अम्मी, पाँचवें ने तो ख़ुदकुशी कर ली।

सौतेली माँ : कौन? किसने ख़ुदकुशी की?

मुहम्मद : अमीर जलालुद्दीन ने...।

सौतेली माँ : आख़िर क्यों, मुहम्मद?

मुहम्मद : अमीर जब अपनी बीवी को बता रहा था कि नजीब के क़ातिल को वह जानता है, तो उसी के मुलाज़िम ने मुझे इसकी ख़बर दी। मैंने उसे पकड़ लाने के लिए सिपाहियों को भेजा! मगर जैसे ही सिपाहियों को आते हुए देखा, अमीर ने ख़ुदकुशी कर ली।

सौतेली माँ : *(ख़ौफ़ज़दा होकर)* अब बाज़ आओ, मुहम्मद! एक वज़ीर की मौत पर इतना तरद्दुद ज़ाहिर करना एक सुलतान को ज़ेब नहीं देता। और इससे तुम्हारे तमाम मोतबिर अमीर-उमरा तुम्हारे ख़िलाफ़ बग़ावत कर देंगे, बेहद संगीन सूरतेहाल पैदा हो जाएगी। बाज़ आ जाओ, मुहम्मद!

मुहम्मद : लेकिन नजीब के क़ातिल का नाम छिपाने की ख़ातिर ख़ुदकुशी करने की नौबत क्यों आई? वो भी अमीर जलालुद्दीन जैसी बड़ी हस्ती को? आख़िर कौन है ये मख़्सूस क़ातिल?

सौतेली माँ : मुहम्मद, नजीब की मौत हुई है तो ये ठीक ही हुआ। वो तुम्हारा दीन बिगाड़ना चाहता था।

मुहम्मद : लेकिन नजीब के क़ातिलों को दीन की फ़िक्र क्यों होने लगी?

सौतेली माँ : चाहे दीन की हो, चाहे अमन की! लेकिन नजीब जैसे एक अदना शख़्स का तुमने जो एतिबार किया, अपने उमराओं की जो लापरवाही की, उसी से यह हंगामा

हुआ है। तुम्हें पता भी है कि सैयद-इमाम तुम्हारे ख़िलाफ़ बयान देते हैं, सरदार तुम्हारे ख़िलाफ़ साज़िश करते हैं, इसलिए कि नजीब इस हंगामे की जड़ था। अब वो मर गया है तो अच्छा ही हुआ।

मुहम्मद : नजीब मेरा वफ़ादार नहीं था, लेकिन तख़्तेशाही का सच्चा वफ़ादार था। उसकी वफ़ादारी ने निज़ामे-सल्तनत के सामने एक मिसाली पैमाना पेश किया था। अगर नजीब किसी रोज़ मेरे ख़िलाफ़ तलवार उठाता है तो मैं यक़ीनन तसलीम कर लेता कि मुझसे कोई संगीन भूल हो गई है।

सौतेली माँ : बहरहाल, अब तो उसे भूल जाओ। अगर इस तरह बेतहाशा सबको परेशान किया करोगे तो तुम्हारा तख़्तेशाही कभी मुस्तक़िल नहीं होगा। अगर तुम्हारे ख़िलाफ़ ये सरदार-उमरा बग़ावत खड़ी कर दें तो तुम क्या करोगे?

मुहम्मद : जूझता रहूँगा।

सौतेली माँ : मुहम्मद, कब तक अपने-आपको यों ज़रर पहुँचाते रहोगे?

मुहम्मद : इससे कोई छुटकारा नहीं है, अम्मीजान!...लेकिन अब शायद, ज़्यादा इन्तज़ार नहीं करना पड़े!

सौतेली माँ : क्या मतलब?

मुहम्मद : अमीर जलालुद्दीन ने ख़ुदकुशी कर ली। उसका भाई किसी से मुलाक़ात करने के बहाने दिल्ली से ग़ायब है। शायद उसे भी क़ातिल का नाम मालूम हो। इस सिलसिले में मैं जल्द ही ऐलान कराने की सोच रहा हूँ। अगर वो अपनी ख़ैरियत चाहता है तो क़ातिल का नाम हमें बता दे, वरना...!

सौतेली माँ : वरना?

मुहम्मद : उसके वालदैन और बीवी-बच्चों को, जो अभी दिल्ली में बसे हुए हैं, क़त्ल करा दूँगा!

सौतेली माँ : *(काँपती है)* मुहम्मद, अंजाम दहशतनाक है। तुम्हारी जान की ख़ैरियत नहीं रहेगी!

मुहम्मद : मुझे अपनी ख़ैरियत की परवाह नहीं है।

सौतेली माँ : या अल्लाह! मुझे ख़ौफ़ लग रहा है। मुहम्मद, मुझ पर दहशत छा रही है! ये तलाश बन्द करो मुहम्मद, मुझ पर मेहरबानी करो! बन्द करो! *(ख़ामोश)* इस हौलनाक पागलपन से बाज़ नहीं आओगे? *(मुहम्मद अब भी ख़ामोश है; फिर ज़रा रुककर)* तो सुनीं, मैंने ही नजीब का क़त्ल करवाया था।

[सन्नाटा]

मुहम्मद : *(काँपती हुई आवाज़ में)* जानती भी हो, तुम क्या कह रही हो? नहीं अम्मी, मज़ाक का ये वक़्त नहीं! अमीर-सरदारों की बग़ावत से मुझे बचाने की ख़ातिर झूठ मत बोलो! ये कोई मामूली वाक़या नहीं है।

सौतेली माँ : मुझे मालूम है। इसीलिए कहती हूँ, मैंने ही उसे ज़हर दिलवाकर मरवाया है!

मुहम्मद : नहीं, नहीं! ये ग़ैर-मुमकिन है। अम्मी, तुम मेरी जान क्यों खा रही हो? समझ नहीं सकतीं? आपका यह मज़ाक मेरे लिए किस क़दर तकलीफ़देह है!

सौतेली माँ : *(सर्द होकर)* ग़ैर-मुमकिन क्यों है, मुहम्मद? वालिद और भाई को मरवाने से ये ज़्यादा आसान है! इमामुद्दीन की मौत से ज़्यादा जायज़ है?

मुहम्मद : मैंने अपने वालिद का क़त्ल किया है, लेकिन तब मैं अपने बुलन्द ख़यालों के पागलपन से अन्धा था। क्या मैं इस हक़ीक़त से बेख़बर हूँ? तुम नहीं देखतीं कि इससे मेरा ज़मीर किस क़दर जख़्मी हुआ है! तुम महसूस नहीं करतीं कि उस बद्दुआ की तपिश किस क़दर मुझे जलाए जा रही है! मेरी सगी माँ मुझसे ख़फ़ा होकर तनहाई में ज़िन्दगी काट रही है। इसी डर से मैंने शीशे में अपना चेहरा तक देखना छोड़ दिया कि कहीं अपने वालिद का चेहरा नज़र न आए, कहीं शेख़ इमामुद्दीन की शक्ल दिखाई न पड़े। मेरे क़रीब के सिर्फ़ तीन शख़्स रह गए थे। तुम, नजीब और बरनी।

फिर अब तुम्हारे ही हाथों नजीब का क़त्ल होना था। क्यों? क्यों? आख़िर तुम्हें क्या पड़ी थी कि...?

सौतेली माँ : बचपन में तुम्हारा जोश-ख़रोश देखकर मुझे बड़ी तसल्ली हुआ करती थी कि तुम्हारी सल्तनत में हर तरफ़ अमन-चैन क़ायम रहेगा, हुकूमत पायदार होगी। लेकिन तुम्हारी तख़्तनशीनी के सात सालों में ही मुल्क का यह हाल हो गया। वालिद, भाई, शेख़ इमामुद्दीन जैसे एक के बाद एक तुम्हारे सनकी ख़यालों के शिकार होते गए। उसके बाद तो जैसे मरनेवालों का ताँता कभी टूटा ही नहीं। गोया सारा मुल्क क़साईख़ाना बन गया हो, और इस मुकम्मिल तबाही का ज़िम्मेदार था तुम्हारा बदकार नजीब। वो तुम्हें भी अपने साथ घसीटे लिए जा रहा था जो मेरे लिए नाक़ाबिले-बरदाश्त था। उसके काले कारनामे...।

मुहम्मद : मेरे कारनामों की बुनियाद की तफ़्तीश करनी थी तो उसके लिए नजीब का ख़ात्मा करने से क्या हासिल हुआ? इस तरह की ज़्यादती करने से...।

सौतेली माँ : ये ज़्यादती नहीं है, मुहम्मद!

मुहम्मद : सरासर ज़्यादती है। जो अपनी ही बेवक़ूफ़ी से बेख़बर हों, वो क्या समझेंगे कि नजीब के ख़यालात क्या थे? गए छह महीनों से उसने बार-बार मुझसे अर्ज़ किया था कि अपने खूँख़्वार अमल से मुझे बाज़ आना होगा। तख़्तेशाही की सलामती के लिए तशद्दुद का रास्ता छोड़ देना होगा।

सौतेली माँ : मगर उसकी मुख़ालिफ़त उसके भरोसे से भी ज़्यादा ख़तरनाक साबित होती। मुहम्मद! याद नहीं, उसने कहा था कि सियासत की बुनियाद पेशबन्दी पर क़ायम है।

मुहम्मद : *(अपनी बातें जारी रखते हुए)* मेरे हाथों मारे जानेवालों के सब नाम तुमने गिना दिये। लेकिन सम्पन शहर के शहाबुद्दीन को भूल गईं। हक़ीक़त में वही मेरी तमाम कारगुज़ारियों का सबसे बड़ा सबूत था। मैंने उसकी लाश में ख़ंजर कई मरतबा भोंका था ताकि लोगों पर

ये ज़ाहिर हो कि बाग़ियों के साथ जूझता हुआ वो मारा गया। लेकिन हर बार, जब-जब ख़ंजर से लाश को चीरता था, मेरे रोंगटे खड़े हो जाते थे। अजीब ख़ुशी से सनसनी मेरे जिस्म में दौड़ती थी। ऐसी वहशी ताक़त का एहसास होता था, जो पहले कभी महसूस नहीं हुई थी! तब मैं जान गया...यकायक समझ गया कि मेरी खूँख़्वारी का वजूद मेरे दिमाग़ में नहीं, मेरी रगों में है। तशद्दुद मेरी रग-रग, रेशे-रेशे में रचा हुआ है। मुहब्बत-सुकून, अदलोअमन वग़ैरह तमाम मुक़द्दस लफ़्ज उस वक़्त सिर्फ़ हर्फ़ों का पुलिन्दा नज़र आए और अपने अन्दर झाँका तो मैंने पाया कि मेरे पास खूँख़्वारी और तशद्दुद के अलावा और कुछ नहीं है। सबसे पहले मैंने तीन आदमियों का क़त्ल किया—अपने वालिद, अपने भाई, और मोहतरिम शेख़ इमामुद्दीन का जो कि तीनों मेरे हम-शक्ल थे। इन तीनों हम-शक्लों की मौत हुई, इसे तुम क्या महज़ इत्तिफ़ाक़ समझती हो? ग़द्दार आईन-उल्-मुल्क को मैंने अवध का राज वापस कर दिया। इससे मेरी दरियादिली सब पर ज़ाहिर हुई। लेकिन आज उसी की रिआया उसे शेख़े-मोहतरिम का क़ातिल मानती है, और गाहे-बगाहे उसकी मलामत करती है, उसके मुँह पर थूकती है। क्या इसे भी इत्तिफ़ाक़ समझती हो? नहीं अम्मी, नहीं, दरअसल खूँख़्वारी और तशद्दुद की मुझे बेहद ज़रूरत थी और अब भी है ताकि तीर की मानिन्द गुज़रती हुई मेरी ज़िन्दगी को कोई ठोस निशाना मिले, ज़िन्दगी को कारआमद बनाने के लिए ठोस यक़ीन हासिल हो सके, वरना मेरा ज़ाहिरा आलम काफ़ूर हो जाएगा, और ये व तन्हाई मुझे खा जाएगी। लेकिन इसके लिए तुमने नजीब को ज़िबह क्यों किया?

सौतेली माँ : तुमने अपने एतिक़ादों के लिए कितनों को बे-मतलब मरवा डाला, तो क्या तुम्हारे लिए मैं एक का क़त्ल भी नहीं करवा सकती थी?

मुहम्मद : *(चीख़कर)* गतल! ग़लत!! ग़लत!! मेरी कारगुज़ारियाँ बे-मतलब नहीं हैं। इन्हीं कारगुज़ारियों की वजह से मुझे ज़िन्दगी का ख़ास इनाम मिला है—इक़्तदार! मुझे अपने ख़यालों को अमली सूरत देने के लिए इक़्तदार चाहिए था, ताक़त की ज़रूरत थी। लेकिन तुम इस क़त्ल से क्या चाहती थीं? *(फिर माँ की ओर देखकर जैसे एक नया ख़याल आ गया हो)* औरत! औरत! आख़िर तुम भी तो औरत ही हो। सौतेले बेटे पर बे-ग़रज़ ही शफ़क़त बरतती रहीं। ग़लत! मेरी अपनी वालिदा जिस बात के लिए मुझसे ख़फ़ा हैं कि मैं उनका कठपुतला नहीं बना, आख़िर तुम भी तो वही चाहती हो। नजीब के चंगुल से छुड़ाकर अपने जाल में फँसाने की तरकीब...।

सौतेली माँ : नहीं, मुहम्मद! ख़ुदा की क़सम। अगर इक़्तदार हासिल करने का मेरा इरादा होता तो मैं ख़ुद कभी मौजूदा वाक़ये का इक़बाल न करती।

मुहम्मद : तुम नहीं बतातीं तो जलालुद्दीन का भाई बता देता। अगर वो भी राज नहीं खोलता तो सरदार-लोग बग़ावत करते। चालाक औरत, काफ़ी होशियारी बरती है तुमने, लेकिन तुम इस ग़फ़लत में मत रहना कि तुम मेरी माँ हो, इसलिए सज़ा से बरी कर दूँगा। तुम्हारे प्यार की मैं रत्तीभर क़द्र नहीं करूँगा...। *(एकाएक टूटकर)* हाय, अम्मीजान! तुमने यह क्यों किया? इक़्तदार की अगर ख़्वाहिश थी तो दूसरा रास्ता अख़्तियार कर लेतीं। ये क्यों किया तुमने आख़िर?

सौतेली माँ : *(बेटे के कन्धे पर हाथ रखती हुई)* मेरी बात सुनो, मुहम्मद!

मुहम्मद : *(छिटककर हट जाते हुए)* हटा लो अपने हाथ! ग़द्दारी की एक ही सज़ा है—सज़ाए-मौत!

[दो बार ताली बजाता है।]

सौतेली माँ : अल्लाह तुम्हें सब्र अता करे! जल्दबाज़ी से काम न लो, मुहम्मद! मैं इल्तिजा करती हूँ, अपने लिए नहीं, तुम्हारे लिए। मुझे मरवाकर तुम ख़ुश नहीं रह सकोगे। अभी तुम्हारे वालिद का भूत तुम पर ग़ालिब है। शेख़ इमामुद्दीन का भूत तुम्हारे सीने पर सवार है! अब क्या मेरे भूत से भी अपनी ज़िन्दगी को दूभर कर लेना चाहते हो?

मुहम्मद : शायद वो लोग मेरी बे-इंसाफ़ी की वजह से मारे गए, मगर तुम महज़ इंसाफ़ की रूह से मारी जाओगी!

[दो सिपाही दाख़िल होते हैं।]

: तूने ज़िनाकारी से भी बदतर गुनाह किया है। हुकूमत के क़ानून में तेरे जैसे मुजरिमों के लिए एक ही सज़ा दर्ज है कि बाज़ार के बीचोबीच तुझे खम्भे से बाँध दिया जाए और आते-जाते लोग पत्थर फेंक-फेंक कर तेरी जान ले लें!

[माँ बेचैन हो जाती है, कुछ कहने की कोशिश करती है, मगर नाकामयाब रहती है, जैसे दम घुट गया हो। 'ले...ले...लेकिन...' भर कह पाती है।]

मुहम्मद : *(सिपाही से)* ले जाओ इसे क़ैदख़ाने में!

[सिपाही परेशान खड़े रहते हैं।]

: *(गरजकर)* शाही हुक्म दुहराया नहीं जाता।

[सिपाही उसे बाज़ुओं से पकड़ते हैं, माँ छुड़ाने की कोशिश करती है।]

: वज़ीरे-नायब को हमारा हुक्म पहुँचा दो कि कल सुबह इसे बाज़ार के बीच खम्भे से बँधवाकर मरवा दिया जाए।

सौतेली माँ : *(फूटकर)* मुहम्मद, और किसी तरीक़े से मुझे मरवा दो, लेकिन सबके सामने...।

[सिपाही उसे खींचकर ले जाते हैं। मुहम्मद अकेला बेहोश-सा खड़ा रहता है। फिर एकाएक घुटनों के बल झुक जाता है, ख़ौफ़ज़दा होकर आँखें बन्द कर लेता है, हाथ ऊपर फैलाता है।]

मुहम्मद : ऐ मेरे आक़ा, मेरे हाथ थाम ले! मैं नहीं जानता कि मेरे जिस्म की रगों में अपना ख़ून कौन-सा है और बेगाना कौन-सा? मैं भटक गया हूँ, मेरे मालिक! तू ही बता, आँखों के आगे ये क्या है? बियाबाँ है या सब्ज़बाग? ये बन्दा तेरी राह का मुसाफ़िर है आक़ा, उसे क्यों इस तरह रेगिस्तान में अकेला भटकने देते तो? वो तेरे सहारे का मुंतज़िर है, दलदल में कीड़े की मानिन्द कुलबुला रहा है। मालिक, उसे सहारा दे, उसे बीनाई दे! ख़ून से रँगी अपनी उँगलियों से तेरे ग़ैबी लिबास का दामन थामे वो घिसटता जा रहा है। मेरे आक़ा, मेरी फ़रियाद सुन ले, मुझ पर रहम कर। मैं बे-सहारा हूँ, ख़ुदावन्द! तू पनाह दे, तू पनाह दे, तू पनाह...।

[बरनी दाख़िल होता है।]

बरनी : अल्लाह सुलतान को...! *(ख़ामोश हो जाता है।)*

मुहम्मद : *(सिर उठाकर हड़बड़ाकर उठ जाता है।)* आओ बरनी, बड़े मौक़े पर आ गए। तुम्हारा बहुत-बहुत शुक्रिया! तुमने मुझे ग़द्दारी से बचा लिया। मैं इबादत करने लग गया था, कितना बड़ा जुर्म मुझसे सर-ज़द होता! मैंने ऐलान किया था कि ख़लीफ़ा ख़ानदान का नुमाइंदा जब तक यहाँ क़दम नहीं रखेगा तब तक इबादत करने की सख़्त मनाही है, और आज ख़ुद शाही हुक्म की नाफ़रमानी करने पर उतारू हो गया था। कितनी शर्मनाक बात हो जाती, लेकिन...मैं क्या करूँ बरनी, न मालूम, कहाँ से यकायक कमज़ोरी ने मुझे आ घेरा!

बरनी : अब परेशान न हों, हुज़ूर! वज़ीरे-नायब ताँबे के सिक्कों की देख-रेख में मसरूफ़ थे। इसीलिए मैं ख़ुद ख़िदमत में एक ख़ुशख़बरी सुनाने हाज़िर हो गया हूँ।

मुहम्मद : ख़ुशख़बरी? मुद्दत हो गई यह लफ़्ज सुने हुए!

बरनी : अभी ख़त आया है हुज़ूर, कि ख़लीफ़ा ख़ानदान के नुमाइंदा ग़ियासुद्दीन अब्बासी दौलताबाद तशरीफ़ ला रहे हैं। एक-दो महीने में आली-क़द्र यहाँ पहुँच जाएँगे।

मुहम्मद : *(गहरी साँस भरते हुए)* अब उनके आने से भी क्या होगा, बरनी? अभी-अभी इबादत की कोशिश में था! लबों पर सीखे हुए लफ़्ज गोया उछल-उछल पड़ते थे, लेकिन दिल में उनकी गूँजें बिलकुल सुनाई नहीं पड़ीं। चाहे मैं पागल भी हो जाऊँ, मगर अब अल्लाह-ताला का पागलपन मुझे हरगिज़ नहीं होगा। *(ऊँची आवाज़ से)* वो लियाक़त मुझे कैसे हासिल होगी, बरनी? मैंने अपनी अज़ीज़ अम्मीजान को सज़ाए-मौत दी है। लेकिन मुझे एतिबार नहीं होता कि मेरी अम्मीजान गुनहगार हैं।

ढिंढोरची : सुनो, सुनो, दौलताबाद के बाशिन्दो! सुनो! ख़ुदातर्स, ख़ुदावन्द, ख़लीफ़ा के बन्दे तुग़लक मुहम्मद फ़रमाते हैं--बग़दाद के क़ाबिले-एहतिराम क़िर्दगार ख़लीफ़ा अब्बासी-अल्-मुस्तानसीर के फ़र्ज़दे-अर्ज़मन्द अब्दुल अज़ीज़ के फ़र्ज़दे-अर्ज़मंद यूसुफ़ के फ़र्ज़दे-अर्ज़मन्द ग़ियासुद्दीन मुहम्मद कल दोपहर दौलताबाद तशरीफ़ ला रहे हैं। इस पाक मौक़े पर सुलतान अपनी रिआया से उम्मीद करते हैं कि दौलताबाद का हर ख़ासो-आम क़ाबिले-एहतिराम के इस्तक़बाल के लिए मौजूद होगा। कल का दिन दायमी मसर्रत का दिन है, मुबारक दिन है। मख़्दूम ग़ियासुद्दीन की दुआएँ-ख़ैर पाकर दौलताबाद का तख़्तेशाही पाक हो जाएगा। शाहे-सुलतान ख़लीफ़ा-ए-मुअज़्ज़म की दुआएँ लेकर मुल्क की रहनुमाई हस्बे-साबिक़ करते रहेंगे।

शाहे-सुलतान आगे फ़रमाते हैं—इस रोज़े-मुबारक के मौक़े पर उमूमी इबादतें, जो पाँच बरस बन्द थीं, अगले जुमा से फिर जारी होंगी। इस जुमा से हर रोज़ पाँच बार नमाज़ पढ़ी जाए। क़ुरान-शरीफ़ शरीयतों की बाक़ायदा तामील की जाए।

सुलतान इसरार करते हैं कि कल दोपहर को ख़लीफ़ा-ए-मोहतरम के इस्तक़बाल के लिए दौलताबाद के तमाम बाशिन्दे हाज़िर हों। सुनो! सुनो! सुनो!

दृश्य : 11

[दौलताबाद के क़िले का बन्द दरवाज़ा। सामने शाही रास्ते पर लोगों की भीड़-भाड़ जमा है।]

पहला : कहते हैं, अगले जुमा से इबादत शुरू करो। अब किसे पड़ी है इबादत की?

दूसरा : इबादत से पहले रोटी तो मिले।

पहला : अरे, रोटी का नाम मत लो भैया, इबादत करो। बस, उसी को खाओ, उसी को बिछाओ, उसी को ओढ़ लो। जो कुछ अनाज है वो शाही महल के अन्दर है।

दूसरा : क्यों, अमीरों के यहाँ भी अनाज भरा हुआ है।

पहला : पहले हमें रोटी दो, इबादत की बात फिर देखी जाएगी। अज़ाब-सबाब का हिसाब-किताब मुल्लाओं पर छोड़ दो।

तीसरा : लेकिन मैंने सुना है कि सुलतान ने दो खलिहान खुलवाए और लोगों में ग़ल्ला बँटवाया है।

दूसरा : कहाँ का खलिहान? कहाँ है अनाज? सारे-के-सारे खलिहान ख़ाली पड़े हैं। गेहूँ का दाना तक नहीं!

पहला : इस पर फ़रमाते हैं, इबादत करो। अब किसे पड़ी है इबादत की?

तीसरा : परसों ही मेरे क़स्बे से मेरा छोटा भाई आया है। कहता है, हमारा हाल फिर भी बेहतर है, मगर उनका तो बहुत बुरा हाल है। उसी ने बताया कि दो मुट्ठी गेहूँ लेना हो तो बीस रत्ती चाँदी दो।

दूसरा : *(चिढ़कर)* हुँ!

तीसरा : कहता था कि रास्ते में क़दम-क़दम पर मुर्दे पड़े हुए थे। एक को मेरे भाई ने अपनी आँखों एड़ियाँ रगड़-रगड़कर मरते देखा।

दूसरा : ऐ, बस करो।

तीसरा : कहते हैं कि दोआब पर तो बदहाली इस क़दर छाई हुई है कि इन्सान और गिद्ध साथ-साथ रहने लगे हैं। आदमी घास-पत्ती खाने लगे हैं। भुखमरी के शिकार एक घोड़े की खाल चबाते औरतें देखी गई हैं।

दूसरा : अब बस भी करोगे या नहीं?

तीसरा : सुना है, बरन शहर का भी यही हाल है। हमारे सुलतान के दोस्त ग़ियासुद्दीन बरनी वहीं के रहने वाले हैं। वहाँ की यह ख़बर है कि बरन के लोग सूखी खाल को उबालकर खाने लगे हैं।

दूसरा : मैं कहता हूँ, ख़ामोश हो जाओ।

[लेकिन बाक़ी लोगों की दिलचस्पी तीसरे शख़्स की बातों से बढ़ती जाती है।]

तीसरा : *(दूसरे को चिढ़ाते हुए)* हमारी हालत तो फिर भी ग़नीमत है। लेकिन सुना है, दोआब का सबसे ज़्यादा बुरा हाल है। मेरा भाई कहता था कि किसी एक शहर में क़साई की दुकान के आगे छोटे-बड़े सब क़िस्म के लोग बड़ी तादाद में जमा थे। अब मेरे भाई ने नज़दीक जाकर देखा तो उसे मालूम हुआ कि क़साई जानवरों को जब काटता था तब जो ख़ून इधर-उधर छिटकता था, उसी को चाट लेने के वास्ते वो भीड़ वहाँ जमा थी।

दूसरा : अरे बूचड़ ख़ाँ, अगर ख़ुद चुप नहीं होता तो लो, मैं चुप करा देता हूँ।

[दोनों में हाथापाई शुरू होती है। तीसरे के सीने पर दूसरा चढ़ बैठता है, फिर मुक्का मारता है। मुक्के मारते-मारते ख़ुद रोने लगता है। बाक़ी लोग बेजान से खड़े देखते रहते हैं।]

पहला : अब यहाँ किसे इबादत की पड़ी है?

[एक सिपाही दौड़ा आता है।]

सिपाही : ये क्या हो रहा है? ऐसे रोज़े-मुबारक पर शाही क़िले के दरवाज़े पर ही दंगा-फ़साद! अव्वल दर्जे के अहमक़ हो। *(दोनों को घसीटता हुआ)* ऐसे बे-अक़्लों की गरदन उड़ा देनी चाहिए।

[सिपाही दोनों को किनारे हटा देता है, तब सातवें दृश्य वाली औरत अपने शौहर के साथ दाख़िल होती है।]

ऐलान करनेवाला : होशियार, होशियार! बा-अदब, बा-मुलाहिज़ा होशियार... शाहे-शाहान सुलतान मुहम्मद बिन तुग़लक तशरीफ़ ला रहे हैं!

[उसी वक़्त दूसरी तरफ़ से भी।]

: होशियार! होशियार! दीने-आलम के नुमाइंदा, ख़लीफ़ा-ए-बग़दाद अब्बासी अल्-मुस्तानसीर पाक ख़ानदान के क़ाबिले-एहतिराम अमीर-उल्-मोमीनीन ग़ियासुद्दीन मुहम्मद तशरीफ़ ला रहे हैं!

[अज़ीज़ और उसके पीछे आज़म, और उन दोनों के पीछे सुलतान के सफ़ीर दाख़िल होते हैं। अज़ीज़ ग़ियासुद्दीन के भेस में है, अँगूठी पहने हुए है। उसी वक़्त क़िले के भीतर से सीढ़ियाँ उतरता हुआ मुहम्मद दाख़िल होता है। चारों ओर सन्नाटा छाया हुआ है। मुहम्मद लम्हे-भर अज़ीज़ को घूरकर देखता है, जैसे उसे कुछ वहम हुआ हो, जिससे पल-भर के लिए अज़ीज़ के चेहरे पर परेशानी दौड़ जाती है।

सातवें दृश्य वाली हिन्दू औरत अज़ीज़ को देखकर 'ओह' कहती है, फिर ठीक से शिनाख़्त करने के लिए एक क़दम आगे बढ़ती है।]

औरत का शौहर : *(बढ़ती हुई औरत को रोककर)* ऐ, कहाँ जा रही हो?

औरत : वो देखिए! उसकी आँखें देखिए।

[उसी वक़्त अज़ीज़ मुहम्मद को गले लगा लेता है।]

मुहम्मद : *(गले लगने के बाद, ज़रा पीछे हटकर, भरी आवाज़ में)* ख़ुशामदीद आली-क़द्र, आपके वुजूदे-मुबारक से मेरी सल्तनत पाक हो गई। मुद्दत से आपके दीदार का मैं मुंतज़िर था। मुद्दत हुई कि दौलताबाद के गली-कूचे सज़दा-गुज़ारी की सुहानी सदा नहीं सुन पाए। जब तक आपके क़दमे-मुबारक दौलताबाद में दाख़िल नहीं होते, तब तक आपके ताबेदार इबादत करने के क़ाबिल ही कहाँ थे, अपने ही गुनाहों के काले साए से हमारे पाँव उलझे हुए हैं। अज़ाब के ज़ोर से क़हत व सूखे ने खेत के दाने-दाने को जलाके रखा है, इबादत पर गूँगापन क़ाबिज़ हो गया है। अब जैसे आला-मरतबे की मौजूदगी से हमारी सल्तनत में रौनक़-अफ़ज़ाई हुई है। *(आवाज़ बुलन्द करके)* वलीउल्लाह, आपकी ख़ाके-पा की इनायत हो, आपके हुक्म की बसरोचश्म हम तामील करेंगे। मरतबे-आला, हमें अपनी हिफ़ाज़त में लें।

[मुहम्मद यह कहते हुए अज़ीज़ के आगे लेट जाता है। इकट्ठी भीड़ दंग रहती है, फिर ज़रा देर के बाद भीड़ भी सज़दा करती है।]

अज़ीज़ : हक़-पसन्द सुलतान, आप जैसी मज़हबपरस्त हस्ती जब दावतनामा भेजे, तो हम कैसे इनकार करते? अल्लाह-ताला हमेशा आपको अपनी हिफ़ाज़त में रखे!

हिन्दू औरत : उसे देखो, वही आवाज़! वही नज़र!

मुहम्मद : *(घुटने टेककर)* आज के रोज़े-मुबारक की याद में अगले जुमा से हम उमूमी इबादतें जारी करना चाहते

हैं। हम चाहते हैं कि अब बदस्तूर दौलताबाद की गली-सड़कों में दीनो-ईमान के काम बिला-झिझक हों।

[फिर अज़ीज़ और सुलतान गले लगते हैं। आज़म अन्दर-ही-अन्दर हँसना चाहता है, मगर अपनी तरफ़ सुलतान को आते देखकर हँसी को जबरन दबा लेता है। सुलतान आज़म के गले लगते हैं।]

ऐलान करनेवाला : क़ाबिले एहतिराम नुमाइंदा-ए-ख़लीफ़ा—

सिपाही : ज़िन्दाबाद!

ऐलान करनेवाला : मज़हबपरस्त, ख़ुदातर्स सुलतान—

सिपाही : ज़िन्दाबाद!

[बार-बार नारे लगते हैं, मगर लोग हारे हुए-से चुप हैं। ज्यों-ज्यों सिपाही लोग इशारा करने लगते हैं, और लोग भी जल्द-जल्द रस्मी तौर पर नारे लगाते हैं। मुहम्मद फ़र्शी सलाम करते हुए अज़ीज़ और आज़म को भीतर ले जाता है। एक को छोड़कर बाक़ी सिपाही भी भीतर चले जाते हैं।]

हिन्दू औरत : वही है, वही है!

शौहर : कौन है? कहाँ है?

हिन्दू औरत : वही है क़साई, जिसने मेरे बच्चे की जान ली थी। वही निगाह, वही आवाज़। दिल्ली से आते हुए आधे रास्ते में उसने मेरे बच्चे को मारा। हाँ, वही है। *(चीख़कर)* देखो, देखो, मेरे बच्चे का क़ातिल है, उसी ने मेरे बच्चे को मार डाला, मुझे बाँझ बना दिया। *(शौहर उसे रोकने की कोशिश करता है)* वो मेरे बच्चे का क़ातिल है, मैं उसे कच्चा चबा जाऊँगी। उसने मेरे बच्चे को मारा है।

पहला : क्या कहती है? कौन है? किसने बच्चे को मारा?

दूसरा : मैंने भी अच्छी तरह नहीं सुना, शायद सुलतान के मुताल्लिक़ कह रही होगी।

तीसरा : सुलतान के अलावा और कौन होगा! और कौन उसके बच्चे को मार सकता है?

चौथा : हाँ-हाँ, मार दिया होगा। ज़रूर क़त्ल किया होगा। 'रोटी मत खाओ, और जीते रहो' के मानी ही क़त्ल हैं। मेरी बेटी भी इसी तरह मर गई।

दूसरा : और कब तक यों छटपटाते रहेंगे, रोटी के लिए तरसते रहेंगे?

तीसरा : *(भरी आवाज़ में)* उस वक़्त अगर सिर्फ़ एक मुट्ठी अनाज मिल जाता तो मेरी बच्ची...।

पहला : ऐ रहमदिल सुलतान! हमें रोटी दो। इबादत वापस लो, हमें रोटी दो...।

सब : हमें रोटी दो, खलिहान खोलो, रोटी दो।

सिपाही : ख़ामोश रहो! *(भीड़ को हटाने के लिए बढ़ता है।)*

एक : मारो, मारो मुझे, मैं भूख से नहीं मरूँगा। तुम्हारे भाले से मरना ज़्यादा पसन्द करूँगा। मारो, मारो!

तीसरा : कौन मारेगा? कौन किसको मारेगा? हम भी देखें, कहाँ है मारनेवाला?

भीड़ : हाँ, मारो। रोटी न दे सको तो हमें मारोगे? हमारा गला घोंटोगे? चलो, देख लें। मारो उसे, उसकी चमड़ी उधेड़ दो।

[हंगामा। सब सिपाही को घेरकर मारते हैं। थोड़ी देर के बाद उसको छोड़ते हैं। ख़ून से लथपथ जख़्मी सिपाही लुढ़क जाता है। उसी वक़्त और सिपाही आते हैं।]

दृश्य : 12

[शाही महल का एक कोना। अज़ीज़ चहलक़दमी कर रहा है, उसी वक़्त आज़म दाख़िल होता है।]

आज़म : अज़ीज़!

अज़ीज़ : श्श...श्श...अहमक़ कहीं के! कितनी बार मैंने कहा कि पिछला नाम मत लो! इज़्ज़त के साथ गुफ़्तगू करो, वरना सारा खेल चौपट हो जाएगा!

आज़म : मैं तंग आ गया हूँ, अज़ीज़! मैं जा रहा हूँ। इसी की ख़बर देने तुम्हारे पास आया था।

अज़ीज़ : जा रहा हूँ! क्या माने? कहाँ चले?

आज़म : महल के दो मुलाज़िमों को रक़म दे दी है, दो घोड़े लाने के लिए। एक-आध घंटे में घोड़े लेकर वे यहाँ पहुँच जाएँगे। अब चलो, रवाना होने की तैयारी करो।

अज़ीज़ : अव्वल क़िस्म के बेवक़ूफ़ हो तुम। इतना आगे बढ़ने के बाद अब पीछे हटने की सोचते हो? मैंने कितनी बार तुम्हें समझाया कि यहाँ किसी बात का डर नहीं। अब तुम्हारी नादानी की वजह से महल के उन मुलज़िमों को हम पर शुबहा हुआ होगा। तुम तो जानबूझकर क़साई के हाथों में अपनी गरदन दे रहे हो। और आठ-एक रोज़ के लिए सब्र करो। फिर देखो...।

आज़म : ख़ुदा जाने, तब तक क्या होगा! तुम शहर के लोगों से मिले हो? उनका हाल देखा है? बरदाश्त के बाहर है। कहीं लोगों की भीड़ पागल कुत्तों की तरह चीख़ रही है। कहीं बीमार लोग उल्लुओं की तरह कराह रहे हैं।

कहीं आतिश-ज़नी हो रही है, कहीं से जंगली जानवरों की तरह अजीबोग़रीब आवाज़ें आ रही हैं। तुम कभी बाहर गए हो?

अज़ीज़ : नहीं।

आज़म : मैं गया था, छुपे-छुपे!

अज़ीज़ : छुपे-छुपे? क्या बकते हो? अगर किसी ने देख लिया होता तो...? सुलतान के मेहमान छुपे-छुपे जा रहे हैं! कभी अंजाम भी सोचा है? आख़िर तुम्हारे दिमाग़ में कूड़ा तो नहीं भरा है? कितनी शान से कहता है कि छुपे-छुपे गया था!

आज़म : महल से बाहर जाने का एक ख़ुफ़िया रास्ता है। जिस रोज़ मैं यहाँ आया, उसी रोज़ उसे खोज निकाला था। और ख़ुफ़िया रास्ता बाहर जहाँ खुलता है, वहाँ कोई सिपाही तैनात नज़र नहीं आया। मैं दो मरतबा हो आया हूँ।

अज़ीज़ : *(परेशान होकर)* दो मरतबा! दो मरतबा!

आज़म : जो देखा, उसे बयान नहीं कर सकता, अज़ीज़! मेरा दिल भर आया। शहर के उत्तरी हिस्से में पतली उँगलियों की तरह जो सड़कें हैं, क़िलेनुमा जो इमारतें हैं, उनके पीछे एक बहुत बड़ा राज़ है। उन इमारतों में लोगों को लूट-लूट कर बटोरी गई दौलत दफ़न हैं। उनके साथ कई मुर्दे भी ज्यों-के-त्यों पड़े हैं। लाशों का जमघट लगा है! ये लाशें कितनी हैं, उनमें सिपाहियों की कितनी हैं, आम लोगों की कितनी हैं, कुछ पता नहीं चलता...। मुर्दों और मक्खियों का मेला-सा लगा है! और इन लाशों के नीचे दौलत छुपा रखी है।

अज़ीज़ : लेकिन इस सब की ख़बर मुझे पहले क्यों नहीं दी?

आज़म : क्योंकि मुझे शक था, कि शायद तुम मुझे बाहर जाने से रोक लो। अज़ीज़, अब मेरी हिम्मत पस्त हो गई है। मैं यहाँ नहीं रह सकता। आज ही मैं यहाँ से निकल जाना चाहता हूँ। कहते हैं कि शहर के लोग आज बहुत थके हुए हैं, इसलिए यहाँ से भाग निकलने का यही एक अच्छा मौक़ा है।

अज़ीज़ : आज़म, तुमने यह सोचा कि जिन मुलाज़िमों को तुमने घोड़े लाने के लिए रक़म दी है वे तुम्हारे साथ वफ़ादारी बरतेंगे—इसका क्या यक़ीन है?

आज़म : लेकिन अज़ीज़, वे लोग सुलतान से बेहतर हैं। सुलतान पर जुनून सवार है, हथियार चलाने का! मैंने-तुमने ही सुलतान के हाथों मारे गए लोगों की कितनी लाशों में घास-फूस नहीं ठूँसी है? ऐसे मालदार सुलतानों से तो ये मुलाज़िम अच्छे हैं। अज़ीज़! इस सनकी सुलतान की सल्तनत में अगर कोई महफ़ूज़ जगह है तो यही शाही महल, जो बिलकुल सुलतान की नाक के नीचे है। मुझे क्या बता रहे हो, अज़ीज़? मैंने जो कुछ देखा है, वो तुमने नहीं देखा। तुम्हें मालूम है कि मेरे कमरे के बाहर जो खुली जगह है, वहाँ ताँबे के सिक्कों के कई अम्बार लगे हैं।

अज़ीज़ : *(हँसकर)* तो उससे डर गए! उनमें ढेर-के-ढेर सिक्के तो हमारे ही बनाए हुए हैं।

आज़म : जिस दिन यहाँ आया था, उस रोज़ रात में मुझे नींद ही नहीं आई। मैं खिड़की के पास खड़ा बाहर देख रहा था। चाँदनी फैली हुई थी। सिक्कों के वे अम्बार साँपों के बड़े-बड़े घरौंदे-से लग रहे थे। ज़रा भी हवा नहीं थी। तभी मैंने देखा, उन अम्बारों के बीच कुछ हरकत-सी हुई, एक साया हिलता नज़र आया। मैंने आँखें खोल- खोलकर देखा। कोई अकेला सिक्कों के अम्बारों के बीच टहल रहा था। फिर वो साया एक अम्बार के पास बेहिस बैठा रहा, आधे घंटे तक। फिर हाथों से खोद-खोदकर अपनी मुट्ठियों में सिक्के भरने लगा, खड़ा हुआ, और मुट्ठियों से मुसलसल उन सिक्कों को गिराता रहा। मुझे किसी भूत का ख़याल आया! जानते हो, वो कौन था? वो हमारे सनकी सुलतान थे। ऐसी रात एक नहीं, तीन-चार रातें देखीं। मैंने तुमसे यह बात नहीं कही कि शायद कहीं तुम मेरा मज़ाक न उड़ाओ!

अज़ीज़ : बस! इतने से डर गए...बुज़दिल? वो मक़सूद भूल गए, जिसकी तलाश में हम यहाँ आए थे?

आज़म : उसकी फ़िक्र मत करो। यहाँ इनाम-तोहफ़े के नाम पर जो कुछ हीरे-मोती मिले हैं, सबको गठरी बना के रखा है।

अज़ीज़ : अहमक़! किसी ने उस गठरी को देख लिया हो तो?

आज़म : रक़म छुपाने के तरीक़े अगर मैं नहीं जानता तो पेशेवर चोर कैसे तसलीम किया जाता? मैंने वो सब ठीक कर लिया है।

अज़ीज़ : तुम चले जाओगे तो मेरा क्या होगा, आज़म? अगर सुलतान दरियाफ़्त कर बैठें कि आपके मुरीद आज़म कहाँ चले गए, तो क्या जवाब दूँगा?

आज़म : तभी तो कहता हूँ कि तुम भी मेरे साथ चलो, अज़ीज़! दो घोड़े मँगवा लिए हैं। तुम समझदार हो। तुम मौत से ख़ौफ़ नहीं खाते, लेकिन मैं सचमुच अहमक़ हूँ। मेरा दिमाग़ बिलकुल ख़ाली है, खोखला है, फिर भी मैं तुम्हें अपना अज़ीज़ मानता हूँ।

अज़ीज़ : बेवफ़ा, दग़ाबाज़, चले जाओ...जाओ!

आज़म : *(आज़िजी के साथ)* मैं क्या करूँ, अज़ीज़? तुम भी मेरे साथ चलो! अब इस दौलत से बाज़ आओ। हम क्यों वज़ीर-सुलतान के बखेड़ों में पड़ें? चलो मेरे साथ, घोड़े आने ही वाले हैं।

[अज़ीज़ चुप है।]

: आओ अज़ीज़, मैं तुम्हारे पाँव पड़ता हूँ।

[अज़ीज़ अब भी चुप है। आज़म भरी आवाज़ में :]

: तो मैं चला, अज़ीज़! अल्लाह तुम्हें सलामत रखे!

[चला जाता है।]

अज़ीज़ : *(दाँत भींचकर)* अहमक़! बेवक़ूफ़! बुज़दिल!

दृश्य : 13

[महल। पिछले दृश्य के आधे घंटे के बाद।]

मुहम्मद : बरनी, मैं पूछ सकता हूँ, क्यों?

बरनी : अर्ज़ किया न हुज़ूर, बरन शहर से ख़त मिला है। मेरी अम्मीजान का इन्तक़ाल हो गया। उनकी ज़िन्दगी के आख़िरी लम्हों में मैं उनके क़रीब नहीं रह सका। कम-से-कम मातम में तो शरीक हो सकूँगा।

मुहम्मद : *(हमदर्दी से)* यकायक ऐसा क्यों हुआ, बरनी?

बरनी : मैं नहीं जानता, हुज़ूर! मुझे जो ख़त मिला, उसमें सिर्फ़ उनके इन्तक़ाल की ख़बर थी।

मुहम्मद : अब चले जाओगे तो फिर मेरे दरबार में लौटने का इरादा है?

बरनी : *(मजबूर होकर)* मैं नहीं जानता, हुज़ूर!

मुहम्मद : अगर सिर्फ़ माँ की मातमदारी में शरीक़ होना है तो फिर वापस आने में क्या एतराज़ है?

बरनी : मैं नहीं जानता, हुज़ूर!

मुहम्मद : *(झुँझलाकर)* मैं जानता हूँ बरनी, तुम्हारी माँ की मौत का बायस, तुम्हारे इतना ही मैं भी जानता हूँ। दौलताबाद के दंगा-फ़साद की ख़बर पाकर बरन शहर में भी हंगामे हुए थे। इसकी मुझे ख़बर है, और मुझे यह भी ख़बर मिल चुकी है कि मेरे सिपाही यहाँ की तरह वहाँ भी औरतों-बच्चों की तमीज़ किए बिना सबको बेरहमी से मौत के घाट उतारते गए। बरनी, मुमकिन है कि ये सब मेरी ही ग़लतियों का नतीजा

हो। इस पर तुम चाहे जितनी मेरी मलामत करो, मैं बरदाश्त कर लूँगा। लेकिन...लेकिन क्या मेरी सूरतेहाल इस क़दर बदतरीन हो गई है कि तुम्हें भी मुझसे झूठ बोलना पड़े!

बरनी : *(आँसू भरकर)* मैं पाँव पड़ता हूँ, हुज़ूर, मैं कुछ नहीं जानता, मुझसे कुछ न पूछिए।

[एक सिपाही भागा हुआ आता है।]

सिपाही : सुलतान सलामत रहें! ग़ज़ब हो गया, हुज़ूर! इजाज़त हो तो आज के हौल-नाक वाक़ये को बयान करूँ।

मुहम्मद : बताओ, क्या है?

सिपाही : ख़ुदावन्द, मोहतरम ग़ियासुद्दीन के हम-क़दम आज़मजहाँ का क़त्ल हो गया।

बरनी : क़त्ल! आज़मजहाँ का क़त्ल हो गया?

मुहम्मद : *(बग़ैर बेसब्री के)* क्या हुआ?

सिपाही : मैं हुज़ूरेवाला का खुफ़िया पहरेदार हूँ, मालिक! शाही महल का जो खुफ़िया रास्ता है, उसके दरवाज़ों पर मैं तैनात हूँ। पहले भी दो-एक बार आज़मजहाँ को वहाँ से आते-जाते देखा। लेकिन मुअज़्ज़म की ताज़ीम के ख़याल से चुप रहा। आज, अभी आधी घड़ी पहले भी आज़मजहाँ उसी रास्ते से बाहर आए। मैं बदस्तूर अपनी जगह बैठा रहा। मोहतरिम ने कुछ आवाज़ लगाई जिसे सुनकर दो बदमाश चार घोड़े लेकर उनके क़रीब आए और आज़मजहाँ ने भीतर से एक भारी गठरी लाकर घोड़े की पीठ पर रखी। तब मुझे शुबहा हुआ। मैं बुलन्द आवाज़ में कुछ पूछना चाहता था कि उनमें से एक ने आज़मजहाँ पर तलवार से वार कर दिया। जब तक मैं अपने हम-पुश्तों को लेकर मौक़े पर पहुँचा तब तक बदमाश उस भारी गठरी के साथ घोड़ों पर सवार होकर फ़रार हो गए थे। कुछ सिपाही उन बदमाशों की तलाश में रवाना हो चुके हैं। बाक़ी सिपाही आज़मजहाँ की लाश को महल के अन्दर ला

रहे हैं। इसी वाक़ये की ख़बर देने की ख़ातिर मैं सुलतान के हुज़ूर में भाग आया। मेरी जो भी ग़लती हुई है, मुझे माफ़ कर दें, हुज़ूर!

मुहम्मद : मरने से पहले आज़मजहाँ ने कुछ कहा था?

सिपाही : नहीं, हुज़ूर! हमारे पहुँचने तक उनमें थोड़ी-सी जान रह गई थी। उनको देखने से लगा कि गोया अपने-आप पर हँस रहे हों। अब मैं सही तौर से बता नहीं सकता कि वो हँसते थे या कराहते थे, ख़ुदावन्द! ये मेरी ग़लती थी कि मैंने पहले से उन्हें रोका नहीं था।

मुहम्मद : उसका ख़याल मत करो, मगर एक बात याद रखो। आज के वाक़ये की ख़बर शाही महल में किसी तक न पहुँचे। ख़बरदार!

सिपाही : जो हुक्म।

मुहम्मद : तुम जाओ। जाते-जाते दरबान से कह दो कि वो मुअज़्ज़म ग़ियासुद्दीन को फ़ौरन यहाँ पेश करे।

सिपाही : अभी हुक्म बजा लाता हूँ, हुज़ूर!

मुहम्मद : लेकिन ख़बरदार, उनको भी इस वाक़ये का सुराग न मिले।

सिपाही : जो हुक्म।

[सिपाही चला जाता है।]

बरनी : यह क्या नया हादसा पेश हुआ, हुज़ूर? मैं तो कुछ भी नहीं समझ पाया।

मुहम्मद : *(झुँझलाकर)* अगर नहीं समझते तो यहाँ से रवाना होने की बेक़रारी को थोड़ी देर के लिए ज़ब्त कर लो, और यहाँ होनेवाली हर बात को ग़ौर से अपनी आँखों देखो। तुम्हारे जैसे वाक़या-नवीस को ऐसे मौक़े बार-बार नहीं मिलते।

बरनी : ख़ुदावन्द, मैं ग़रीब हूँ, नासमझ हूँ, आप जैसा चाहें मेरा मज़ाक करें, आपको पूरा हक़ है। लेकिन मैं अर्ज़ करता हूँ हुज़ूर, कि मैं जो यहाँ से जा रहा हूँ, उसका ग़लत मतलब न लगाएँ। मैंने आपके दरबार में सात साल

गुज़ारे हैं। कौन ऐसा बदनसीब वाक़या-नवीस होगा जो यहाँ बिताए गए सात साल के अरसे के लिए अपनी ज़िन्दगी निछावर न कर देगा! इसके लिए मैं ता-ज़िन्दगी आपका एहसानमन्द रहूँगा, हुज़ूर!

मुहम्मद : विदाई के मौक़े पर भी क्या तक़रीर की ज़रूरत होती है, बरनी? तुम्हें यहाँ से जाना है, जाओ। मेरे दरबार को छोड़कर जानेवालों में तुम कोई पहले आदमी नहीं हो? बहुत लोग चले गए—कोई सीधे रास्ते से, कोई उलटे रास्ते से। अब तुम भी आराम से अपने रास्ते चले जाओ! मतलब-बेमतलब की बेकार हुज्जत में क्यों पड़ें?

[तकलीफ़देह सन्नाटा]

बरनी : आप मुअज़्ज़म ग़ियासुद्दीन से बाद में मुलाक़ात नहीं कर सकते हैं, हुज़ूर? आज जुमा है, थोड़ी ही देर के बाद आज उमूमी इबादत शुरू की जाएगी। *(एकाएक)* लेकिन आज़मजहाँ की मौत का जो काला साया पड़ा है, उसका क्या होगा? इबादत को बन्द नहीं करेंगे?

मुहम्मद : *(व्यंग्य से)* नहीं-नहीं, ये पाँच बरसों की ख़ामोशी के बाद आनेवाली पहली उमूमी इबादत है। हज़रत ग़ियासुद्दीन जैसी पाकीज़ा हस्ती ने दौलताबाद में अपने क़दमे-मुबारिक रखे हैं! उस पाक लम्हे की ख़ुशी में आज यह इबादत शुरू हो रही है। इसे अब आज़मजहाँ की मौत की वजह से क्यों मुलतवी करें, बरनी? नहीं बरनी, नहीं। *(ठहाके के साथ)* इस वक़्त यहाँ नजीब को होना चाहिए था। वो इस मज़ाहिया खेल का तह तक मज़ा लेता!

[अज़ीज़ सिपाहियों के साथ आता है। मुहम्मद और बरनी झुककर बन्दगी करते हैं। सिपाही चले जाते हैं।]

अज़ीज़ : *(दुआएँ देते हुए)* अल्लाह सुलतान को सलामत रखे!

मुहम्मद : मोहतरिम, ख़ैरियत से तो हैं?

अज़ीज़ : आपकी सख़ावत और फ़ैयाज़ी के रहते किस बात की तकलीफ़ होती, हुज़ूर!

मुहम्मद : शहर में जो दंगे-फ़साद हुए, उससे शायद हज़रत को बड़ी तकलीफ़ हुई होगी। इस हंगामे के बीच मैं आपकी ख़िदमत में हाज़िर न हो सका। मोहतरिम मुझे माफ़ करें।

अज़ीज़ : हमें इस बात का बड़ा अफ़सोस है कि हमारे आने के बाद ही ये हंगामे शुरू हुए हैं। जो हमारी बन्दगी करने आए थे, वे ही लोग आपके ख़िलाफ़ खड़े हो गए, दंगा करने पर उतारू हो गए। कहना ही होगा कि दीनो-ईमान का इक़बाल मद्धम पड़ता जा रहा है। ये दुनिया की बदनसीबी है। हमारी बदनसीबी है।

मुहम्मद : आपको ऐसी दहशतनाक ख़बर दे रहा हूँ कि शायद सुनकर गहरा सदमा पहुँचे। अभी एक पहरेदार से ख़बर मिली कि आज़मजहाँ की लाश शाही महल के बाहर पड़ी मिली है। उसने बताया कि मोहतरिम का किसी ने ख़ून कर दिया।

अज़ीज़ : या ख़ुदा! अहले-जहाँ पर ये क्या बीत रहा है! आज़मजहाँ जैसे बेक़सूर शख़्स का ख़ून करने से उन्हें क्या मिला?

मुहम्मद : *(सहसा)* कौन हो तुम?

[लम्हे-भर कोई नहीं बोलता। अज़ीज़ की आँखों में दहशत छा जाती है।]

: कौन हो तुम? बदमाश, इस नक़ली भेष में और कब तक शाही महल में रहने का इरादा है?

बरनी : ये आप क्या फ़रमा रहे हैं, हुज़ूर?

मुहम्मद : *(चीख़कर)* बताओ, मेरी क़ूव्वते-बरदाश्त को आज़माने की नादानी मत करो।

अज़ीज़ : *(घबराए बिना)* मैं एक धोबी हूँ, हुज़ूर! मेरा पहला नाम अज़ीज़ है। उसके बाद बीसों नाम मिले।

बरनी : *(जैसे होश-हवाश क़ायम नहीं रख रहा है)* तो हज़रत ग़ियासुद्दीन साहब कहाँ हैं?

मुहम्मद : ग़ियासुद्दीन जैसे नेक-कर्दार, पाक-दिल के क़ातिल को कौन-सी सज़ा मिलेगी, जानते हो? तुम्हें पता भी है कि हमें और हमारी रिआया को धोखा देनेवाले दग़ाबाज़ को कौन-सी सज़ा मिलेगी!

अज़ीज़ : मैं नहीं जानता हूँ, हुजूर! फिर सुलतान की क़ूव्वते-तसव्वुर को मैं किसी भी हालत में कमतर नहीं समझता। लेकिन ख़ुदावन्द, आप मुझे सज़ा देंगे तो आपको अपने ही साथ बेइंसाफ़ी करनी पड़ेगी।

बरनी : *(चिढ़कर)* बदकार के मुँह से इंसाफ़ की बात!

अज़ीज़ : पाकदिल, यह लफ़्ज सिर्फ़ शेख़ इमामुद्दीन को ज़ेब देती है, हुज़ूर! ग़ियासुद्दीन को अगर आप देख लेते तो शायद ही आप उनको नेक-कर्दार या पाक-दिल तसलीम करते। मैं धोबी ख़ानदान का नुमाइंदा हूँ और वो ख़लीफ़ा ख़ानदान के नुमाइंदा थे। बात सही है। लेकिन *(धीमे से)* ये बात ख़ुद सुलतान भी समझते हैं कि बड़प्पन और ख़ानदान का कोई वास्ता नहीं होता।

बरनी : गुस्ताख़! तू सुलतान की तौहीन करता है?

मुहम्मद : तुझे भी बड़प्पन का दावा है? किस बूते पर तू यह दावा कर रहा है?

अज़ीज़ : हुज़ूर, मेरी साफ़गोई को माफ़ करें। जब से आप तख़्तनशीन हुए हैं, मैंने आपके हर काम पर ग़ौर किया है। आपकी हर बात तहेदिल से सुनी है। निज़ामे-सल्तनत की हर कारगुज़ारी को समझने की मैंने कोशिश की है। आपका असल मोतक़िद बनने की जद्दोजहद की है।

मुहम्मद : क्या अब ख़ुशामद पर उतर आए?

अज़ीज़ : अगर मैं आपका मोतक़िद कहलाऊँ तो दाद मुझे मिलनी चाहिए हुज़ूर, आपको नहीं। जब से आप तख़्तनशीन हुए, तब से मैं देख रहा हूँ कि आप हर मौक़े पर अपने ख़यालों और मक़सद को समझाने की

कोशिश करते रहे हैं। लेकिन कितने लोगों ने आपकी बातों पर ग़ौर किया है? जब से मैंने होश सँभाला...।

मुहम्मद : *(बेज़ार होकर)* उफ़्फ़ोह, अब क्या हमें तेरी ख़ुदबयानी सुननी होगी?

अज़ीज़ : हाँ, हुज़ूर, हक़ की ख़ातिर सुननी होगी।

बरनी : ख़ुदावन्द, एक बार मेरी आख़िरी दरख़्वास्त सुन लीजिए! ये बड़ा ख़तरनाक शख़्स है। ये आपके चारों तरफ़ अपनी ऐयारी का जाल बिछा रहा है। इससे बातें करने से क्या हासिल होगा, हुज़ूर? इसे सज़ा का हुक्म दीजिए—सज़ाए-मौत...।

अज़ीज़ : जनाब बरनी, सुलतान मुझे सज़ाए-मौत नहीं दे सकते। आप शायद नहीं जानते कि मुझे सज़ाए-मौत देने पर सुलतान की सूरते-हाल क्या होगी?

मुहम्मद : *(भौंहें चढ़ाकर)* मेरी सूरते-हाल!

अज़ीज़ : साफ़गोई के लिए फिर माफ़ी माँगता हूँ, हुज़ूर! आपने मुझे ख़लीफ़ा ख़ानदान का नुमाइंदा तसलीम किया है। अवाम के सामने मेरा इस्तक़बाल किया है। फिर मेरे नाम पर पाँच बरस से बन्द इबादत को दुबारा शुरू करनेवाले हैं। सबके सामने आप मेरे पाँव पकड़ चुके हैं। अब अगर लोगों को ये मालूम हो जाए कि मैं हज़रत ग़ियासुद्दीन नहीं हूँ, महज़ खेड़े का एक धोबी हूँ तो लोग मज़ाक नहीं उड़ाएँगे?

बरनी : कमीना...!

अज़ीज़ : और अब आज़मजहाँ के क़त्ल के बाद सुलतान मेरा क़त्ल पोशीदा तौर पर भी नहीं करवा सकते। एकाएक दोनों मुअज़्ज़म मेहमान शाहीमहल से ग़ायब हो जाएँ तो क्या लोगों को शकोशुबहा नहीं होगा, आप ही बताइए? *(मुहम्मद की तरफ़ मुख़ातिब होते हुए)* लेकिन मैं उस बूते पर यहाँ नहीं खड़ा हूँ, हुज़ूर! आपने हमेशा हिम्मत और ज़िन्दादिली की क़द्र की है। मुझे यक़ीन है कि आप मेरी ज़िन्दादिली की तारीफ़ चाहे न करें, मग़र उसे हक़ीर नहीं समझेंगे।

मुहम्मद : *(लम्हे-भर चुप रहकर)* तुम्हें कहना क्या है?

अज़ीज़ : अपनी कहानी। मैं एक ग़रीब धोबी के ख़ानदान में पैदा हुआ था। बड़ी बदहाली में मेरे दिन कट रहे थे। उसी वक़्त आप तख़्तनशीन हुए, हिन्दू-मुसलमानों की बराबरी का ऐलान किया। उन्हीं दिनों मुझे ख़बर मिली कि आपके कुछ कारिन्दों ने एक बरहमन की ज़मीन-जायदाद ज़ब्त कर ली है। मैंने उस बरहमन से ज़मीन की मिल्कियत ख़रीद ली। ख़ुद बिरहमन बना और आपके ख़िलाफ़ अदालत में फ़रियाद की। आप हक़-पसन्द हैं ही। आपने वो ज़मीन-जायदाद वापस करा दी, जुरमाने के तौर पर रक़म भी दिलाई और अपने ही दरबार में आपकी ख़िदमत करने का मुझे मौक़ा भी अता किया।

बरनी : ये ठगी की कहानी तब से शुरू हुई है!

मुहम्मद : लेकिन उसके लिए तुम्हें बिरहमन का भेष ही भरना था?

अज़ीज़ : हाँ, हुजूर!

[अज़ीज़ इस ख़याल से कि शायद सुलतान कुछ आगे भी पूछ लें, थोड़ी देर चुप रहता है। फिर अपनी बातें जारी रखता है।]

: मैं और आज़म, आपकी ख़िदमत करते हुए दौलताबाद पहुँचे। वहाँ आपने ताँबे के सिक्के जारी किए। फ़ौरन आपकी मुलाज़िमत छोड़ दी, और जाली सिक्के बनाने में जुट गए।

बरनी : लाहौल!

अज़ीज़ : उस धन्धे में हमने ख़ूब रक़म कमाई। ताँबे के सिक्के बनाते-बनाते हाथ बेहिस हो गए। तब हम दोआब रवाना हुए। वहाँ हमने ज़मीन ख़रीद ली—खेती करने के वास्ते।

बरनी : सूखे में खेती!

मुहम्मद : तुम इसकी दलील नहीं समझे, बरनी! क़हत और सूखे की वजह से इन लोगों को गोया मुफ़्त में ज़मीन मिली

होगी। इसके अलावा मैंने ऐलान करवाया था कि जो कोई दोआब की सूखी ज़मीन में खेती करने की कोशिश करेगा, उसकी माली मदद की जाएगी। इन बदकारों ने मेरे उस ऐलान का भी मनमाना फ़ायदा उठाया, लेकिन खेती-बाड़ी नहीं की। जो माली मदद मिली, उसे भी बटोर ले गए। उसी रात को शायद हमारे कारिन्दों को इनकी बदनीयती का सुराग मिल गया होगा। इसलिए कारिन्दों के हाथों से बचने के लिए फिर भेष बदलकर भाग आए होंगे। और नया धन्धा, डाकू-लुटेरों का, चालू किया होगा। *(अज़ीज़ से)* यही है न तुम्हारी ज़िन्दादिली की तफ़सील!

अज़ीज़ : आपकी रोशन-दिमाग़ी की शोहरत हर जगह फैली है, हुज़ूर! उससे इनकार कनने की जुर्रत मैं कैसे कर सकता हूँ? आपने जो कुछ फ़रमाया, वो सही है, लेकिन आपने एक ख़ास मंज़िल छोड़ दी। हमने दोआब से भागने की कोशिश की थी, मगर आपके हाकिमों के चंगुल से निकल भागना आसान नहीं था! एक बार अगर किसी के पीछे पड़ जाएँ तो बस शिकारियों का जुनून उन पर चढ़ जाता है। अगर कहीं पकड़े जाते तो फिर जान की खैर नहीं थी। अब एक ही रास्ता था, आपकी फ़ौज में भरती होना। फ़ौज की छावनी दोआब में ही थी। हमें वहाँ फ़ौरन मुलाज़िमत मिल गई। हम दोनों का काम था, उन लोगों की लाशों में घास भरना जो आपके ख़िलाफ़ बग़ावत करने की वजह से मौत के घाट उतार दिए गए थे। हम लोग घास-फूस भरने के बाद उनको शाही महल के बाहर लटका देते थे। इस तरह कई महीनों तक अपनी रोज़ी चलाते रहे। वे दिन भी कैसे कमाल के थे! हर रोज़ किसी-न-किसी सरदार या अमीर की लाश हमारे हाथ से गुज़रती थी। उन्हीं दिनों वहाँ रहते मुझे एक नई बात का इल्म हुआ कि इन्सान की ज़िन्दगी की कोई क़द्र नहीं। मौत से डरना सबसे बड़ी नासमझी है।

ज्योंही इस सच्चाई का इल्म हुआ, मेरे दिल को बहुत सुकून मिला। उसी दिन फ़ौज से विदा लेकर डाकू बन गया।

मुहम्मद : *(व्यंग्य से)* सचमुच ही ख़ास मंज़िल थी। अब अगली मंज़िल में क्या हुआ?

अज़ीज़ : आपकी मेहरबानी थी कि ख़ौफ़ मुझसे दूर भाग गया। अब मैं डाकुओं का शहंशाह था। दूसरे डाकू मेरे नाम से काँपते थे। और वाक़ई मैंने चोर-डाकुओं की अलग सल्तनत क़ायम की। इसी अरसे में मुझे कहीं से ख़बर मिली कि कोई दरवेश मुसाफ़िर हमारी सल्तनत में आया हुआ है जो अपने को ख़लीफ़ा का नुमाइंदा और सुलतान का मेहमान बताता है। लेकिन उसकी ज़ेब में एक कौड़ी भी नहीं थी। मैंने उसे अपने लिए सुनहरा मौक़ा माना। ग़ियासुद्दीन का क़त्ल किया और आपका दीदार करने सीधे आपकी ख़िदमत में हाज़िर हुआ। यह हक़ीक़त है कि मैंने ग़ियासुद्दीन का क़त्ल किया और आपको धोखा दिया, फिर भी मैं ख़ुद को आपका मोतक़िद मानता हूँ, हुजूर! इन पाँच बरसों में जो भी काम मैंने हाथ में लिया, शुरू करने से पहले ज़रूर आपको याद किया। ख़ुदावन्द, आपके पास अक़्क़े-सलीम है। आप ही बता दें, आपकी सल्तनत में और कौन ऐसा शख़्स होगा, जिसने मुसलसल पाँच बरसों तक इस क़दर वफ़ादारी बरती हो कि वो अपने हर काम का आपके काम से मुक़ाबला करता रहा हो!

बरनी : *(गुस्से में आकर)* हुज़ूर, हुज़ूर, ये ज़हरीला साँप है! फ़ौरन इसे जल्लादों के हवाले कर दीजिए।

अज़ीज़ : बरनी साहब, बिला-शक आप मुझे क़ुसूरवार मान लें। लेकिन इस सूरत में आप ये नहीं भूलिएगा कि मेरे ही बराबर सुलतान भी क़ुसूरवार हैं।

मुहम्मद : *(एकदम फ़टकर)* बन्द करो अपनी बदज़बानी को! इतनी जुर्रत कि हमारे ही मुँह पर बे-लगाम हो जाओ! बेवक़ूफ़, अपनी हद में रहो! मेरा मोतक़िद कहलाने का

दावा करते हो, मगर तुमने मेरे एतिक़ाद की सख़्ती को कभी आज़माया भी है? लोगों के डर से क़दम पीछे हटाते कभी मुझे देखा है? अब लोगों के मज़ाक से मैं डर जाऊँगा? एक जलील कमीने की इतनी मजाल कि मुझ पर अपनी होशियारी का जाल फैला दे? सूली से दो गज़ नीचे जब तेरी ज़बान लटकने लगेगी तब तेरी ख़बासत की ख़बर लूँगा। मैंने अपने वालिद की परवाह नहीं की। दीनो-ईमान का ख़याल नहीं किया। सैयद-इमामों को दरकिनार कर दिया, यहाँ तक कि अपनी रिआया पर भी मैंने रहम नहीं किया तो अब तेरी हक़ीर हरकतों से घबरा जाऊँगा? आख़िर ख़लीफ़ा का भेष भरने वाले एक नाचीज़ धोबी की औक़ात ही क्या है?

अज़ीज़ : *(धीमे से)* मैंने अपना पेशा ख़ूब निभाया है, हुज़ूर! गन्दगी धोने का काम मैंने इस लम्हे तक जारी रखा है। इस लिहाज़ से किसी ख़लीफ़ा से मेरी हैसियत कम नहीं है।

[मुहम्मद एकाएक हँस पड़ता है।]

मुहम्मद : मरहबा! *(हँसकर, बरनी से)* इस गुस्ताख़ की जुर्रत मुझे बहुत पसन्द आई। बरनी, ऐसे बेबाक शख़्स को हमने कभी नहीं देखा था। अज़ीज़, अब तुम ही बताओ, तुम्हें क्या सज़ा दी जाए?

अज़ीज़ : अपने किसी सूबे का सूबेदार बना दें, हुज़ूर!

मुहम्मद : सूबेदार! सज़ा तुझे मिल रही है अहमक़, हमें नहीं।

अज़ीज़ : ख़ादिम को ग़लत न समझें, हुज़ूर! अब तक बग़ैर किसी मक़सद और रहनुमाई के मनमाना मैं करता रहा। बिना सोचे-समझे हस्वे-मौक़ा काम को अंजाम देता रहा। और मुझे अपनी इन कारगुज़ारियों पर फ़ख़्र भी नहीं है, हुज़ूर! अब हुज़ूर, मैं अर्ज़ करता हूँ कि आप मुझे मौक़ा दें ताकि मैं आपके साथ वफ़ादारी बरतूँ। आपके वास्ते मैं अपनी ज़िन्दगी वक्फ़ करने को तैयार हूँ।

मुहम्मद : शाबाश! शाबाश! न मालूम, मैं भी अहमक़ाना हरकतें क्यों करने लगा? नहीं, शायद तेरे लिए सूबेदारी ही माक़ूल सज़ा है। आज़मजहाँ को दफ़न करने के बाद तू अरबिस्तान वापस जा। फिर आधे रास्ते में ग़ायब हो जाना, मंजूर है?

अज़ीज़ : ग़ायब होने के फ़न में मैं ख़ासा माहिर हूँ, हुजूर!

मुहम्मद : दक्खिन के लिए हमें कुछ सरदारों की ज़रूरत है। हम तुझे सरदार का ओहदा अता करते हैं। तुम बिलकुल पोशीदा तौर पर दक्खन जाओ। वहाँ के सिपहसालार ख़ुशकामलिक को अलग से हम ख़त भिजवा देंगे। वो तुम्हारा इस्तक़बाल करेगा। तुम वहाँ के सरदार बना दिए जाओगे।

अज़ीज़ : हुज़ूर, ख़ादिम क्या अर्ज़ करे! आपकी फ़ैयाज़ी का शुक्रिया मैं कैसे अदा करूँ! क़ुरान-शरीफ़ की क़सम खाकर कहता हूँ...।

मुहम्मद : बस, बस, अब बेकार स्वाँग मत भरो। तुम्हारे लिए हुक्मनामा अलग से भिजवा देते हैं। अब तुम यहाँ से जाओ। इबादत का वक़्त हो रहा है। अभी तुम मुअज़्ज़म ग़ियासुद्दीन हो, ख़बरदार!

अज़ीज़ : जानता हूँ, मालिक! और आपकी इजाज़त हो तो आपके हक़ में सैयद-इमामों के ख़िलाफ़ एक ज़ोरदार बयान दूँ।

मुहम्मद : *(बेचैनी के साथ)* नहीं, तुम उसके क़ाबिल नहीं हो। अब जाओ यहाँ से।

अज़ीज़ : *(झुककर बन्दगी करता हुआ)* आपने मुझ पर जो एतिबार किया, जो रहम किया, उसके लिए ता-ज़िन्दगी एहसानमन्द रहूँगा, हुज़ूर!

[चला जाता है। वहाँ थोड़ी देर सन्नाटा छा जाता है। मुहम्मद आहिस्ते से तख़्त की तरफ़ जाता है। अब उसकी चाल में एकाएक थकावट नज़र आती है। लगता है, उसके हवास अब कमज़ोर हो चले हैं।]

बरनी : ख़ुदावन्द, आपने उस बदमाश का इस हद तक एतिबार किया कि उसे इनामो-इकराम बख़्शा! आख़िर ऐसी कौन-सी खुसूसियत आपको उसमें नज़र आई, हुज़ूर?

मुहम्मद : आज उस बदमाश ने मुझे एक नई बीनाई दी, बरनी! उसने ऐसी सच्चाई से मुझे रूशनास किया जिसका एहसास मुझे पहले कभी नहीं हुआ था। उसी बदमाश से मुझे यह सबक़ मिला कि हमारे कट्टर दुश्मन वो हैं जो हमें और हमारे ख़यालों को समझने का दावा करते हैं।

बरनी : मैं ख़ुदा की क़सम खाकर कहूँगा कि वो बदमाश कभी आपके साथ वफ़ादारी नहीं करेगा। मैं यक़ीनी तौर से कहता हूँ कि दक्खिन में सरदार होने के दो महीने के अन्दर ही आपके ख़िलाफ़ बग़ावत खड़ी कर देगा और वो कामयाब हो गया तो अपने सूबे को दोज़ख़ बना देगा, ये आप क्यों नहीं समझते, हुज़ूर?

मुहम्मद : जब मैंने आईन-उल्-मुल्क को माफ़ किया था, उस वक़्त भी सब लोगों ने मेरी नुक़्ताचीनी की थी, अकेले तुमने मेरी हिमायत की थी। लेकिन आज तुम मेरी फ़ैयाज़ी की इस तरह मुख़ालिफ़त क्यों करने लगे?

बरनी : उल्-मुल्क से इस बदमाश धोबी का क्या मुक़ाबला है, हुज़ूर? ये तो उल्-मुल्क की दोस्ती की तौहीन है।

मुहम्मद : पिछले हफ़्ते उल्-मुल्क का एक ख़त आया था।

बरनी : क्या लिखा था, हुज़ूर?

मुहम्मद : दौलताबाद के बाशिन्दों की बदहाली की ख़बर सुनकर उसने यहाँ की रिआया को अपने सूबे में आने की दावत दी है। उसने लिखा है कि हमारे लिए एक नया शहर आबाद किया गया है। रसद-कपड़े का ख़ासा इन्तज़ाम है। उल्-मुल्क ने दरख़्वास्त की है कि हम

अपनी रिआया के साथ अवध चले जाएँ और उसकी मेज़बानी को क़बूल करें।

बरनी : इससे तो उल्-मुल्क की नेकनीयती और दरियादिली ही ज़ाहिर होती है, हुज़ूर!

मुहम्मद : तो तुम समझते हो कि ये उल्-मुल्क की दरियादिली की निशानी है? लेकिन तुम नहीं जानते बरनी, जब से शेख़ इमामुद्दीन की मौत हुई है, तभी से अवध की रिआया उल्-मुल्क की बहुत मलामत करती रही है। रिआया पर अब उल्-मुल्क की वैसी पकड़ नहीं रही। हमें ख़बर मिली है कि उल्-मुल्क के ख़िलाफ़ साज़िशें हो रही हैं। इसलिए वो हमारी फ़ौज की कुमुक चाहता है। हमारी दोस्ती चाहता है ताकि उसके वजूद को हमारी हिमायत मिल जाए। क्या यह दावतनामा उल्-मुल्क की इसी सूरतेहाल का नतीजा नहीं?

बरनी : यानी...आप अवध नहीं जाएँगे?

मुहम्मद : हाँ, बरनी! मैं वापस दिल्ली जाना चाहता हूँ। अपनी रिआया के साथ। दारुल-सल्तनत जब दिल्ली जाएगा, तो रिआया कैसे पीछे रहेगी?

बरनी : *(ग़मगीन आवाज़ में)* हुज़ूर, आख़िर अपने-आपको यों क्यों सताते हैं? साथ अपनी रिआया को भी क्यों परेशान करते हैं? आपकी रिआया आपके लिए परेशान हो, तकलीफ़ें उठाएँ, मौत का सामना करे और वो कमीना धोबी आपसे इनाम हासिल करे...ये कहाँ का इन्साफ़ है? हुज़ूर, अगर किसी को मौत के घाट उतारना है, तो उसका पहला हक़दार ये धोबी है। उसकी गुस्ताख़ी और बदतमीज़ी के लिए जो भी सख़्त सज़ा दी जाए, वो थोड़ी है। उसकी आँखों में गरम सलाखें रख दी जाएँ। उसे बोरे में डालकर दौड़ते घोड़े के पैरों में बाँध दिया जाए। उसे खौलते तेल में डुबो दिया जाए, या उसके जिस्म के टुकड़े-टुकड़े...।

मुहम्मद : बरनी, शाबाश! तुमने तो उस धोबी को मात दे दी। शायद उसने भी इस तरह की संगीन सज़ाओं का ख़याल नहीं किया होगा।

[बरनी एकाएक जैसे चाबुक की मार खाकर तिलमिला जाता है।]

: अगर सच्चाई इतनी सहल होती तो ज़िन्दगी बहुत आरामदेह साबित होती, बरनी! जब से तख़्तनशीन हुआ, तब से मैं ऐसे लफ़्ज़ों के मानों की तलाश करता रहा हूँ। ज़िन्दगी के मानों की तलाश में मैंने अपने को बहुत थका लिया है। बरनी, अब सारे माने ऐसे बेमानी हो गए हैं कि धोबी और उलू-मुल्क में कोई कुछ भी करे, उससे मेरा क्या वास्ता! जो चाहे मेरी दरियादिली, मेरी सख़ावत, मेरी ज़िन्दादिली, सबकुछ लूट के ले भागे...फिर भी मैं रहूँगा, बरनी, मेरे साथ मेरा अपना 'मैं' रहेगा और मेरी सनक रहेगी। मगर याद रखना, अपनी सनक में मैं अकेला नहीं हूँ। मेरे साथ और भी एक मौजूद है—वो ख़ुदावन्द अल्लाह-ताला!

[फिर थकी आवाज़ में :]

: मेरे बारे में फ़ैसला करते वक़्त अल्लाह को न भूलना।

बरनी : *(काँपती हुई आवाज़ में)* हुज़ूर, मैं फ़ैसला आपके बारे में नहीं, ख़ुद अपने बारे में देना चाहता हूँ। इसी वास्ते मैं यहाँ से विदा लेना चाहता हूँ और अभी जाना चाहता हूँ, वरना न जाने मैं कहाँ खो जाऊँ! अभी-अभी जो मैंने इस धोबी के लिए सज़ाएँ सुनाईं, उन्हें याद करता हूँ तो मेरा ख़ून सूख जाता है। दिमाग़ चकरा जाता है। मैं कमज़ोर हूँ, बे-मक़दूर हूँ, हुज़ूर! अगर एक लम्हा भी और यहाँ रह गया, तो शायद तशद्दुद की बवा मुझे अपने आग़ोश में दबोच ले। नहीं हुज़ूर, मुझे अपनी हिफ़ाज़त करनी है। तशद्दुद के साथ चाहे आप छेड़छाड़ कर सकें, लेकिन मैं नहीं कर सकता। अगर मैं एक

बार फँस गया तो शायद ज़िन्दगी-भर न निकल सकूँ। आपने मुझे फिसलते-फिसलते बचा लिया। आपका एहसानमन्द हूँ। मैं रुख़सत होता हूँ, हुज़ूर! इजाज़त दें।

[मुहम्मद आँखें मूँदे चुपचाप तख़्त पर बैठा है।]

: हुज़ूर!

मुहम्मद : *(आँखें खोलकर)* क्या, बरनी?

बरनी : आपकी तबीयत नासाज़ है, हुज़ूर!

मुहम्मद : कुछ थकावट महसूस कर रहा हूँ और न जाने एकाएक नींद मुझे कहाँ से घेरने लगी है। पाँच बरस से जो मुझसे भाग रही थी, वो नींद आज एकाएक मुझ पर हावी हो रही है। तुम जा रहे हो बरनी, तो जाओ। *(हँसकर)* लेकिन जाने से पहले हम सबके लिए इबादत करते जाओ।

[आँखें बन्द कर लेता है। बरनी ख़ामोशी के साथ चला जाता है, लगता है कि वो रो रहा है। मुहम्मद सोया हुआ है। स्टेज पर सन्नाटा हो जाता है। तब एक दरबान आता है।]

दरबान : अल्लाह सुलतान को सलामत...!

[मुहम्मद को सोया हुआ देखकर पीछे हटता है। फिर चला जाता है। मुहम्मद गहरी नींद में डूबा हुआ-सा, सिर आगे सीने पर झुका लेता है। नींद से ज़्यादा थकावट की अलामत नज़र आती है। थोड़ी देर के बाद आता है, रेशमी शाल मुहम्मद पर डाल देता है और चुपचाप सीढ़ी से उतरता है। उसी वक़्त अज़ान सुनाई पड़ती है।]

अज़ान : अल्लाहो अकबर! अल्लाहो अकबर!
अल्लाहो अकबर! अल्लाहो अकबर!
अशहदो ला इलाहा इल्लिल्लाह।
अशहदो ला इलाहा इल्लिल्लाह।

अशहदो अन्न मोहम्मदिन रसूलल्ल़ाह।
अशहदो अन्न मोहम्मदिन रसूलल्लाह।
हैया इलस्सतात् हैया इलस्सतात्!
हैया इलल् फ़लाह! हैया इलल् फ़लाह!
अल्लाहो अकबर! अल्लाहो अकबर!
ला इल्लाह इल्लिल्लाह...!

[मुअज़्ज़िन की अज़ान सुनते ही दरबान सुलतान को जगाने के लिए आगे बढ़ता है, लेकिन और कुछ सोचकर वहाँ से चला जाता है। मुअज़्ज़िन की अज़ान ख़त्म होती है। स्टेज पर सन्नाटा छाया रहता है। फिर एकाएक मुहम्मद की आँखें खुलती हैं। इधर-उधर देखने लगता है, जैसे उसे कुछ भी मालूम न हो, और उसकी आँखों में सिर्फ़ वहशत और ख़ूँख़्वारी चमकती रहती है।]

●●●